꽂히는 말

Talk Less Say More :
Three Habits to Influence Others and Make Things Happen
Copyright ⓒ 2009 by Connie Dieken
Authorized Translation From the English language edition published
John Wiley & Sons, Inc. company. All rights reserved

Korean Translation Copyright ⓒ 2012 by WinnersBook
Korean edition is published by arrangement with
John Wiley & Sons International Rights, Inc.
through Imprima Korea Agency

이 책의 한국어판 저작권은 Imprima Korea Agency를 통해
John Wiley & Sons International Rights, Inc.와 독점으로
계약한 위너스북에 있습니다.
저작권법에 의해 한국 내에서 보호를 받는 저작물이므로
무단전재와 무단복제를 금합니다.

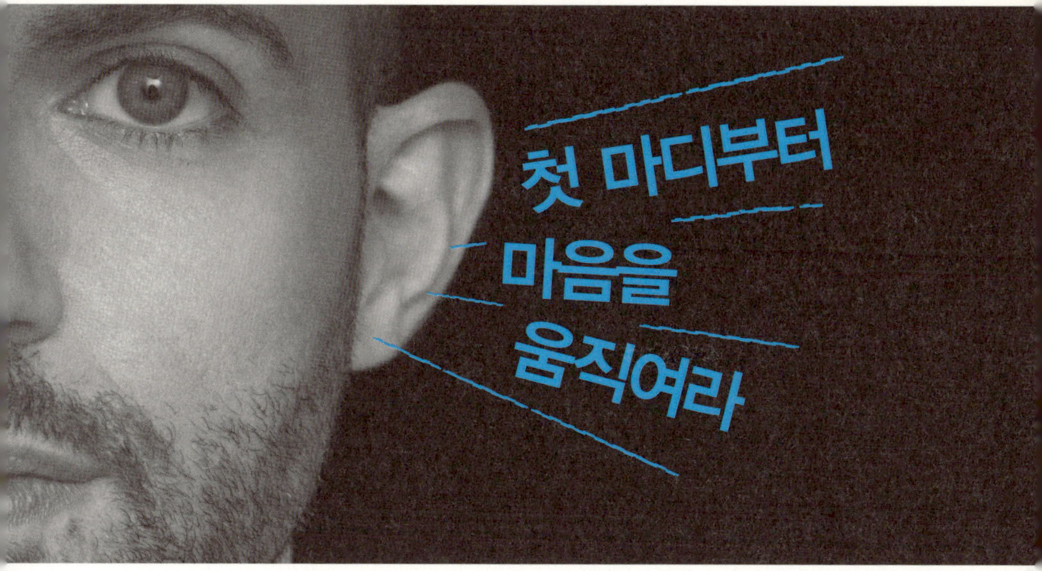

첫 마디부터
마음을
움직여라

talk less, say more

꽂히는 말

코니 디켄 지음 | 방영호 옮김

꽂히는 말

초판 1쇄 발행 2012년 9월 25일

지은이 | 코니 디켄(Connie Dieken)
옮긴이 | 방영호
펴낸이 | 홍경숙
펴낸곳 | 위너스북

기획 · 편집 주간 | 김형석
기획 · 편집 팀장 | 장보금
마케팅 총괄 이사 | 안경찬

출판등록 | 2008년 5월 2일 제310-2008-20호
주　　소 | 서울 마포구 합정동 370-9 벤처빌딩 207호
주문전화 | 02-325-8901
팩　　스 | 02-325-8902

표지 | 김윤남 Design
본문 | 정현옥
종이 | 한솔PNS(주)
인쇄 | 영신문화사

값 13,000원

ISBN 978-89-94747-12-5 13320

이 책은 저작권법에 따라 보호를 받는 저작물이므로 무단전재와 복제를 금지합니다.
이 책 내용의 전부 또는 일부를 사용하려면 반드시 저작권자와 위너스북의 서면 동의를 받아야 합니다.

* 잘못된 책이나 파손된 책은 구입하신 서점에서 교환해 드립니다.

> 위너스북에서는 출판을 원하시는 분, 좋은 출판 아이디어를 갖고 계신 분들의 문의를 기다리고 있습니다.
> winnersbook2@naver.com | Tel 02)325-8901

내 삶에 가장 큰 영향을 미치는 두 사람,
스펜서와 알리에게 이 책을 바친다.

| 저자의 말 |

다른 사람과의 의사소통을 점수로 매긴다면 몇 점이나 되십니까? 완전히 만족하십니까, 아니면 조금 부족하다고 생각하십니까? 혹시 '소통'이 안 되어 답답함을 느끼고 계십니까? 필자는 타인과 소통하는 일이 힘들어진 환경에 놓인 현대인들에게 흥미로운 제안을 하려고 합니다. 가장 먼저 말씀드리고 싶은 건 '꽂히는 말'로 상대방의 시선부터 사로잡아야 한다는 겁니다. 당신이 누군가의 강연을 듣고 있다고 생각해봅시다. 당신 눈앞에 강사가 서 있습니다. 그리고 슬라이드를 켜고 강의를 시작합니다. 만약 그가 처음부터 그렇고 그런 이야기, 정보로서 가치가 없는 이야기, 게다가 지루함까지 곁들여진 시시콜콜한 말들을 늘어놓는다면 어쩌시겠습니까? 아마 "듣

고 배울 만한 게 없는 강의군!" 하며 당신의 주의력을 다른 곳으로 옮길 것입니다. 강사의 말을 경청하는 대신 스마트폰으로 이메일을 들여다보거나 별 내용이 없다고 여긴 강연보다 한결 가치 있어 보이는 실시간 뉴스를 검색할 것입니다. 오히려 강사는 당신이 졸지 않는 것에 감사해야 할지도 모릅니다.

성공적인 의사소통의 첫 단계는 대화 상대방의 관심을 붙잡아 두는 것입니다. 이때 명쾌한 한마디, 즉 꽂히는 말로 상대방의 눈과 귀를 붙잡는 것이 관건입니다. 만약 이 일에 성공했다면 두 번째 단계인 핵심을 전달해야 합니다. 현대인들은 핵심을 원합니다. 요즘은 정보가 너무 많이 쏟아집니다. 따라서 그 많은 정보들 중 나에게 유익한 것을 고르는 일이 여간 힘든 게 아닙니다. 누군가와의 대화나 의사소통도 마찬가지입니다. 대화를 시도할 때 상대방은 불필요한 얘기까지 들어줄 시간적·정신적인 여유가 없습니다. 왜 사람들이 핵심을 원하는지 대충 감 잡았을 겁니다. 마지막 세 번째 과정이 하나 더 있습니다. 바로 설득입니다. 산다는 것은 어쩌면 남을 설득하고, 내가 설득당하는 과정의 연속일 것입니다. 내가 원하는 대로 방향을 바꾸고, 뭔가를 이루어내고, 사람을 내

편으로 만들고 등등의 일은 결국 상대방을 설득하는 기술 여부에 달려 있습니다. 본문을 통해 자세히 설명하겠지만, 이 세 가지를 정리한 것이 '3C(Connect-Convey-Convince) 의사소통 전략' 입니다. 꽂히는 말 한마디가 큰 효과를 갖기 위해서는 이 전략을 알아야 합니다. 이는 하위 개념, 세부 전략이라고 봐도 무방합니다.

필자는 의사소통을 비롯한 커뮤니케이션에 관하여 25년 이상 연구해왔습니다. 연구 결과, 다른 이들과 소통을 잘 하는 사람들이 남다른 성과를 이루어낸다는 사실도 알게 되었습니다. 또한 필자는 10년 이상 애플(Apple), 올림푸스(Olympus), 맥도날드(McDonald's), 모엔(Moen), 크래프트메이드(Kraftmaid), 스털링 쥬웰러(Sterling Jewelers), 클리블랜드 클리닉(The Cleveland Clinic), 오하이오 대학(The Ohio State University), 인디애나 대학 경영대학원(Indiana University Kelly School of Business) 등에서 커뮤니케이션 문제에 관하여 강의를 해왔습니다. 여러 기업과 대학의 수많은 관계자들의 도움에 감사할 따름입니다. 정신없이 바쁘게 돌아가는 오늘날의 환경에서 탁월한 성과를 보여주고 있는 여러 비즈니스 리더들이 스승과 같은 역할을 했습니다. 이들 덕분에 '소통의 기술'을 높여주는 '3C 의사소통 전략'이 탄생할 수 있었습니다. 〈포천(Fortune)〉의 브루스 카르보나리(Bruce Carbonari), 디에볼드(Diebold)의 톰 스위더스키(Tom Swidarski), 모엔의 데이비드 링가펠터(Daivd Lingafelter) 등은 책을 쓰는 데 아낌없는 지지를 해주었습니다. 이들 CEO에게 감사의 마음을 전합니다.

또한 ABC 네트워크 뉴스, WKYC, WEWS-ABC, WSMV-NBC, 내가 방송에 첫 발을 내딛게 된 WTI의 방송 커뮤니케이션 멘토들에게도 감사하다는 말씀을 남겨야 도리일 듯싶습니다. 한 분을 더 소개하자면, 고등학교 시절의 카렌 킹(Karen King) 선생님이 떠오릅니다. 선생님은 아무도 모르게 전국 웅변대회에 나를 등록해주셨습니다. 선생님 덕분에 나의 인생이 바뀐 것입니다. 그리고 출판사 존 와일리 앤 선(John Wily & Sons, Inc)의 관계자 여러분에게도 감사의 마음을 전합니다. 책의 기획자 로렌 프리스톤(Lauren Freestone)과 디자이너 그윈 케네디 스나이더(Gwyn Kennedy Snider)도 고마울 따름입니다. 지난 10년 넘게 내가 대중과 소통하도록 도와준 디자이너 마이클 모넷(Michael Monet) 역시 빼놓을 수 없습니다. 물론 책을 쓰느라 정신없이 지내는 동안 회사가 잘 돌아가도록 신경 써준 사라 알바라도(Sara Albarado) 역시 고마운 동료입니다.

　책을 쓰는 동안 힘든 순간이 많았습니다. 이 모험을 잘 마치도록 여러 모로 힘이 되어준 아버지 짐 알렉산더(Jim Alexander)와 사촌 마이크 숍마이어(Mike Schopmeyer)에게 사랑한다는 말을 전하고 싶습니다. 마지막으로 나의 분신인 스펜서(Spencer), 알리(Ali)와 함께 책이 출간된 기쁨을 나누고 싶습니다. 엄마 노릇도 제대로 못했건만, 두 아이는 내가 방송 앵커, 리더십 코치, 작가, 강연자 등 여러 가지 사명을 다할 수 있도록 곁에서 격려해주었습니다. 사실 아이들 덕분에 이 책을 끝까지 마무리할 수 있었습니다. 세상 무엇과도 바꿀 수 없는 스펜서, 알리! 엄마는 정말로 너희를 사랑한단다.

| 프롤로그 |
꽂히는 한마디를 준비하라!

21세기를 맞이한 지도 벌써 10년이 넘었다. 안타깝게도 오늘날에는 사람들을 직접 만나 내가 가진 생각을 전달해 상대방을 설득하는 일, 즉 대면소통의 기술이 점점 힘을 잃어가고 있다. 정보가 차고 넘치는 정보 과잉의 시대, 세상은 바쁘게만 돌아간다. 누가 되었든 어느 한 곳에 관심을 오랫동안 집중하기가 어려워졌다. 볼 것도 많고 챙겨야 할 일도 많다. 이렇듯 정보가 넘치는 시대, 누구나 바쁜 세상에서 어떻게 해야 영향력 있는 의사소통을 이끌어낼 수 있을까? 당장 내 눈앞에 서 있는 사람의 관심을 사로잡으려면 어떤 방법을 동원해야 효과적일까? 답이 쉽게 떠오르지 않는다. 그러나 해결책이 먼 곳에 있는 것도 아니다. 너무나 빠르게 돌아가는 세상, 정보가 홍수처럼 넘쳐나는 시대일지언정 결정적인 말, 꽂히는 말 한마디가 큰 영향력을 발휘하곤 한다. 바로 이런 것이 흔히들 말하는 '한칼' 아니겠는가!

'3C 의사소통 전략'을 기억하라

개인적으로 의사소통을 비롯하여 대인과의 인간관계, 커뮤니케이션의 효과를 높이는 일 등에 관심이 많다. 내가 독자 여러분과 함께 나누고 싶은 정보는, 이른바 '3C (Connect, Convey, Convince) 의사소통 전략'이다. 이 방법을 익혀 실천하면 놀랍게도 '불통'이 '소통'으로 바뀐다. 단 한 사람과 대화하든 수많은 대중 앞에서 강연을 하든 간에 이 전략을 알고 있다면 정말로 유익하다. 여러분이 사용하던 기존의 방법을 모두 버리라는 건 아니다. 단지 여러분이 과거에 습관적으로 사용하던 메시지 전달 방식을 아주 조금만 수정하거나 바꾸면 된다. 나를 바라보던 사람들의 반응이 과거와는 달리 크게 변해 있을 것이다. 물론 긍정적으로 말이다. 지금까지 살아오면서 습득한 수많은 대화법, 인간관계술, 의사소통법을 잠시 기억에서 지워보는 것도 괜찮다. 원래 '새 술은 새 부대에 담는 법' 아니겠는가!

조금 전에 언급한 '3C 의사소통 전략'을 한 줄로 설명하면 다음과 같다. 눈치를 챘겠지만 3C란 세 가지 테마 중 핵심 단어의 첫 이니셜을 딴 것이다.

- 사람들과 연결되기(Connect)
- 핵심 메시지 전달하기(Convey)
- 사람들을 설득하기(Convince)

나는 TV 뉴스 앵커이자 쇼 진행자로 활동해왔다. 그러면서 위에서 언급한 전략을 조금씩 깨닫게 되었다. 좀 더 정확하게는 빌 클린턴(Bill Clinton) 전 대통령, 성(性)문제 권위자 루스 웨스트하이머(Ruth Westheimer) 박사, GE 회장 잭 웰치(Jack Welch) 등 누가 보다라도 의사소통에 달인이라고 평가받는 사람들을 만나면서부터였다. 이들의 대화법은 TV를 지켜보던 시청자는 말할 것도 없고 스튜디오의 관객들과 촬영 스태프들까지도 충분히 매료시켰다. 물론 나 역시 그들이 들려주는 이야기 말고도 나름의 대화법, 태도, 명쾌함 등에 큰 자극을 받았다. 그들이 나를 자극시킨 것이다. 그때부터 나는 효과적인 대화법에 대한 연구를 10년 이상 진행했고, 이 책은 나름의 연구 결과물이다.

남을 설득하기 어려운 시대, 전략을 모색하라

이 책은 명쾌하면서도 인상적인 말, 즉 꽂히는 말 한마디를 적절하게 사용하기에 앞서 반드시 우리가 알고 있어야 할 대화법, 인간관계, 의사소통 등의 내용을 담고 있다. 본문을 통하여 소개할 '3C 의사소통 전략'을 간과하지 말기 바란다. 마음을 열고 나의 주장에 귀를 기울여주기 바란다. 당신이 예상했던 것보다 훨씬 큰 변화가 일어날 것이다. 이른바 주의집중 시간(attention span, 어떤 한 가지에 집중하는 시간)이 짧아진 오늘날이다. 상대하기 무척 까다로운 사람들과 인내심이 부족하고 집중력이 떨어지는 사람들로부터 긍정적인 반응을 이끌어내고 싶다면 책을 끝까지 읽어나가기 바란다. 거리를 두고 등을 보이던 상대방이 어느 순간 당신에게 눈을 맞추고 집중할 것이며, 당신이 전달하려는 속마음까지도 명확하게 이해할 것이다.

잠시 당신의 의사소통 방식이 어떠한지 점검해보는 시간을 가져야 할 것 같다. 정신없이 바쁘게 돌아가는 사회일지라도 사람들은 결국 말(언어)로 스스로 가진 생각을 전달한다. 부수적인 도구로는 이메일, 문자 메시지 등의 수단이 있다. 어찌되었든 우리는 말과 여러 부수적인 도구들을 이용해 누군가에게 끊임없이 메시지를 전달한다. 메시지를 전달하는 과정에서 설명하고 요청하며, 때로는 호소하고 달래기도 하고, 묻고 요구하기도 한다. 이 모든 행위의 동기는 내가 원하는 것을 얻기 위함이다. 그렇다면 과연 결과는 어떠했는가? 내가 원하든 대로 상대방의 행동을 이끌어내기도 했겠지만, 그러지 못하는 경우가 훨씬 더 많지 않았는가! 더욱 심각한 일은 내가 가진 생각을 확실하게 전달하려다가 결론 없는 논쟁만 되풀이하는 데 그치지 않았던가! 시간은 하염없이 흐르고 일은 뒤죽박죽 엉키며, 좋은 기회는 멀리 날아가 버린다.

하루에도 우리는 수많은 사람들을 대하며 산다. 누군가와 의사소통을 하는 과정에서 상대방의 요구를 받아들이기도 하고, 곤란한 요구라면 기술적으로 미리 차단하기도 한다. 다음과 같은 일들이 얼마나 자주 발생하는지 한번 생각해보자.

- 전화를 걸어온 사람이 휴대전화 액정으로 확인되면, 이를테면 마음속으로 '지금은 당신과 대화할 필요도 가치도 느끼지 못해!' 라고 생각하면서 그 전화를 '불친절한' 음성사서함에 연결되도록 조치하는가?

- 휴대전화가 음성사서함에 담긴 메시지와 컴퓨터의 이메일을 한 번에 몰아서 확인하는 편인가?
- 말을 장황하게 늘어놓은 음성 메시지를 끝까지 듣기도 전, 중간에 삭제하는가?
- 메시지를 남긴 사람에게 연락하면서도 내심 그가 전화 받지 않기를 바라고, 만약 전화를 받으면 마지못해 대화하는가?
- 누군가와 대화하면서 휴대전화가 울리면 전화를 받아 대화 상대방을 뻘쭘하게 만드는가?
- 상대하기 싫은 사람 앞에서 다른 사람과 통화하는 척 하는가?

위와 같은 행동을 얼마나 자주 보이는지 점검해보자. 사람들은 누구나 예민하게 생각하는 부분이 있다. 만약 누군가가 자신의 예민한 부분을 건드린다면, 그 사람에게 더 이상 관심을 갖지 않는 등 부정적인 반응을 보인다. 거꾸로 내가 의도한 바는 아니지만 본의 아니게 다른 이의 불편한 심기를 건드리는 일도 있다. 의도를 가진 행동이 아닐지라도 이 같은 모습이 '불통'을 만들어내는 원인일 수 있다. 따라서 행동 하나하나에 신중해야 한다. 오늘날처럼 바쁘게 움직이는 세상에서는 사람들의 관심을 사로잡는다는 것이 결코 쉬운 일이 아니다. 정말로 어렵다. 하지만 지금이야말로 사람들의 관심을 유지시키고 나의 평판을 높이기 위한 원칙을 정해야 하는 시기다.

마음을 사로잡아 핵심을 전하고, 설득으로 지지를 이끌어내라
해법이 있다. 단순하게 말하면 '불통'을 극복하고 '소통'의 달인으로 거듭나는 것이다. 소통의 달인이 되려면 '3C 커뮤니케이션 전략', 즉 사람들과 연결되고(Connect), 핵심 메시지를 전달하고(Convey), 상대를 설득하는(Convince) 원칙을 내 것으로 만들어야 한다. 다시 강조하건대 이 원칙은 누구에게나 유효하다. 상대방의 마음을 사로잡아 내가 가진 의도를 분명히 전달함으로써 결국 그들을 움직이도록 만들어 목표를 이루는 것이다. 이 전략을 삶에 실천한다면, 정신없이 바빠서 당신의 말에 귀를 기울이지 않던 사람일지라도 언제 그랬냐는 듯 당신에게 지대한 관심을 보일 것이다.

'불통'을 '소통'으로 바꾸는 방법은 명쾌하다. 바로 실천의 여부다. 위에서 간단히 정리한 전략을 행하면 놀랍게도 상대방은 평소와는 전혀 다른 반응을 보일 것이다. 어느 순간 상대방의 관심을 이끌어내고 좋은 결과를 만들어내는 소통의 달인이 되어 있을 것이다.

이 책은 크게 세 개의 파트(PART)로 구성되어 있다. 그리고 각 파트별로 3가지 작은 테마와 함께 나름의 실천지침 다시 세 가지로 정리했다. 또한 각 파트 마지막에는 타인과의 소통에서 여러분이 어떤 문제점을 갖고 있는지 스스로 진단해볼 수 있도록 참고 내용들(10가지 불통의 자세와 실천지침, 그리고 체크리스트)을 담아보았다. 정리하자면 누군가와의 소통을 가로막는 30가지 부정적인 태도, 그리고 이를 극복할 수 있는 대안을 제시한다고 생각하면 된다. 일상에서 받게 되는 스트레스나 무거운 마음 등은 잠시 내려두고서 가볍게 접근해보자. 모쪼록 모든 독자 여러분에게 행운이 깃들기를 희망한다.

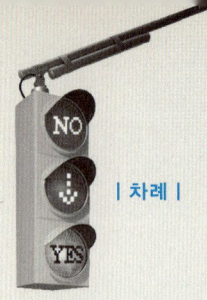

| 차례 |

저자의 말 007
프롤로그 012

PART 1 꽂히는 말 첫 번째 미션!
Connect 사람들과 연결되기

01 • 연결된다는 건 무엇인가? • 026
상대방의 관심사를 유지시키는 것

02 • 대화 상대방에게 집중하라 • 034
대화 상대방의 현재에 머물기

| 실천지침 1 | 바로 그 자리에서 요구를 파악하기 037
| 실천지침 2 | 의도를 파악하면서 듣기 040
| 실천지침 3 | 코드레드 상황 피하기 042

03 • 핵심 메시지를 앞세워라 • 052
핵심부터 먼저 제시하기

| 실천지침 1 | 전체 그림 제시하기 055
| 실천지침 2 | 대화 상대방의 PMOC를 따르기 060
| 실천지침 3 | 방어적인 태도 버리기 066

04 • 속마음을 적당히 드러내라 • 073
'골디락스 캔도' 이해하기
| 실천지침 1 | 의욕을 꺾지 않기 080
| 실천지침 2 | 사실을 부풀리거나 미화하지 않기 082
| 실천지침 3 | 솔직한 소통 문화 만들기 084

Part 1에서 소개한 10가지 불통의 자세와 실천지침 090
체크리스트 ❶ 092

PART 2 *Convey* 꽂히는 말 두 번째 미션!
핵심 메시지 전달하기

05 • 정보를 관리하여 핵심을 찔러라 • 098
정보의 관리가 중요하다

06 • 백 번 듣기보다 한 번 보는 게 낫다 • 106
시각을 자극시켜라
| 실천지침 1 | 비교해서 보여주기 112
| 실천지침 2 | 파워포인트 다이어트하기 115
| 실천지침 3 | 소셜 미디어로 연결하여 마음을 움직이기 120

07 • **3패턴 전략을 사용하라** • 124
　　3단계 구조 활용하기
　　| 실천지침 1 | 미리 세 가지 선택사항 갖추어놓기　127
　　| 실천지침 2 | 좁고 깊게 사고하기　129
　　| 실천지침 3 | 선택되기를 바라는 것부터 제시하기　133

07 • **스토리를 전달하라** • 135
　　기억의 유통기한 늘리기
　　| 실천지침 1 | 긍정의 미래가 담긴 성공 스토리 전달하기　138
　　| 실천지침 2 | 간결하면서 힘있는 스토리 만들기　141
　　| 실천지침 3 | '준비된 자연스러움'으로 스토리를 전달하기　145

　　Part 2에서 소개한 10가지 불통의 자세와 실천지침　148
　　체크리스트 ❷　150

PART 3　*Convince*　꽂히는 말 세 번째 미션!
사람들을 설득하기

09 • **설득이란 무엇인가?** • 156
　　사람들의 행동 이끌어내기

10 • 결단력을 보여줘라 • 164
횡설수설 않고 단호한 태도 취하기

| 실천지침 1 | 말끝에 꼬리를 붙이거나 말끝 흐리지 않기 168
| 실천지침 2 | 회의 시간에 의견 밝히기 173
| 실천지침 3 | 진지한 태도로 의견 내놓기 176

11 • 결정권을 넘겨라 • 180
복종이 아닌 헌신 이끌어내기

| 실천지침 1 | 동료들의 힘 이용하기 184
| 실천지침 2 | 판단의 근거 제시하기 187
| 실천지침 3 | 결정권이 자연스럽게 넘어가게 하기 190

12 • 긍정 에너지 수치를 조절하라 • 193
반감을 줄이고 호감 이끌어내기

| 실천지침 1 | 목소리 조절하기 200
| 실천지침 2 | 얼굴 표정 관리하기 204
| 실천지침 3 | 몸짓 조절하기 208

Part 3에서 소개한 10가지 불통의 자세와 실천지침 214
체크리스트 ❸ 216

에필로그 220
저자소개 224

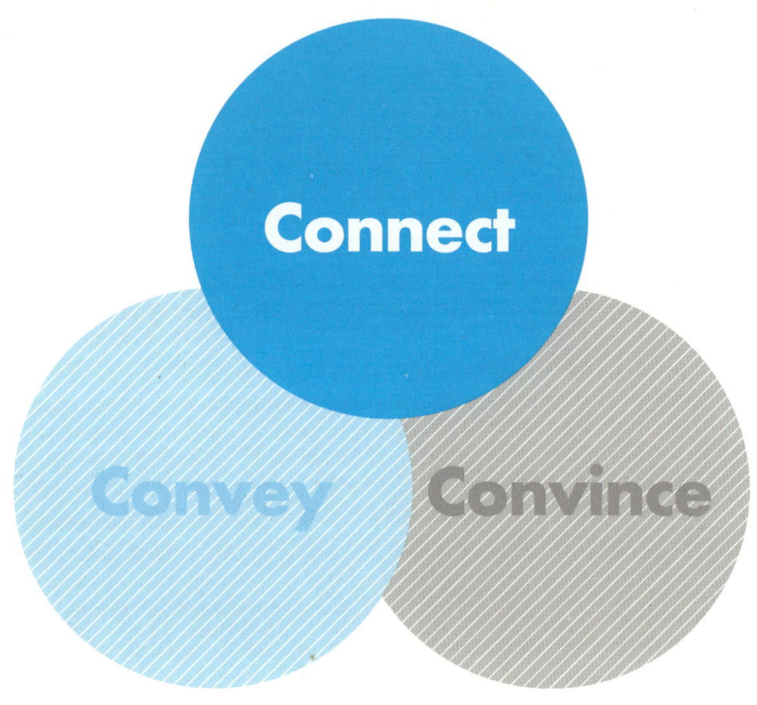

Connect
사람들의 필요와 가치에 부합하여 사람들의 마음을 사로잡아라.
아무리 좋은 제안이나 아이디어도 상대방에게 관심을 끌지 못하면 말짱 헛일!
일단 관심사를 유지시키는 것부터 시작하자.
상대방과 소통의 채널을 유지하는 것이 연결된다는 의미다.

PART
1

꽂히는 말 첫 번째 미션!
사람들과 연결되기

01 연결된다는 건 무엇인가?
상대방의 관심사를 유지시키는 것

사람들의 이목을 사로잡아라!

많이 들어본 이야기가 아닌가? 예컨대 내가 회의 시간에 의견을 말하고 있는데, 가슴이 철렁하는 느낌이 든다면? 아무도 내 말에 관심을 주지 않는다는 생각이 엄습해온다. 재빨리 주위를 둘러보면 상황이 분명해진다. 탁자 아래로 휴대전화기를 만지작거리는 동료가 있는가 하면, 전화를 받기 위해 회의실을 뛰쳐나가는 사람도 있다. 스마트폰으로 누군가에게 메시지를 보내는 사람들도 눈에 띈다. 그나마 나의 이야기를 경청하는 몇 안 되는 사람들도 진득하게 있지 못하고 내 말을 끊으며 엉뚱한 질문을 해댄다.

관심을 끌지 못하면 말짱 헛일!

세계적인 소비재 기업에서 촉망받는 관리자로 일하는 데이비드(David)도 이런 일을 겪었다. 이런 일은 사람들과 대화하는 도중에 흔히 일어나지만, 데이비드는 프레젠테이션을 하면서 동료들로부터 외면을 당해 당황했다. 그는 무엇이 잘못되었는지 고민하면서 안절부절했다. 이 중요한 순간을 위해 데이비드는 밤새 자료를 수집해 내용을 알차게 채우고, 수십 개의 슬라이드를 철저히 마련하는 등 오랜 시간 프레젠테이션을 준비했다. 그러나 데이비드는 시작부터 동료들로부터 외면을 당했다. 이처럼 데이비드는 직장 동료들을 대하면서 소통의 단절을 체험했다. 소통의 단절은 많은 사람들이 종종 겪는 일이다. 데이비드는 자신과 동료들을 연결하지 못했던 것이다. 무엇보다 데이비드는 동료들의 주의력을 관리하는 데 실패했다. 즉 관심을 끌지 못한 것이다. 그 결과 자신의 의견을 전달할 기회조차 얻지 못했다. 동료들을 설득하지도, 그들의 경청을 이끌어내는 데에도 실패하고 말았다.

여러분도 데이비드가 겪은 일과 비슷한 경험을 해보았을 것이다. 대화하는 도중에 상대방으로부터 외면을 당하고, 메시지를 부탁했음에도 응답 전화를 못 받거나 이메일 답장도 못 받을 수도 있다. 이렇듯 우리는 무언가에

주의를 집중하기 힘든 세상에서 살고 있다. 이런 환경 속에서 커뮤니케이션의 효과를 최대한 끌어올리는 첫 단계를 살펴보자. 사람들의 정신과 마음을 사로잡아 명쾌하게 설득하는 기술이다.

흥미로운 채널이 돼라!

사람들의 관심을 자연스럽게 유도하는 이들은 정말 부럽다. 그런 사람들은 자석처럼 타인의 관심을 이끌어낸다. 도대체 비결이 무엇일까? 최고의 의사소통 달인들은 사람들의 관심을 유도하는 습관이 몸에 배어 있다. 그런 고수들은 매번, 누구를 만나든지 자연스럽게 사람들과 연결되는 법을 잘 알고 있으며 적절하게 사용한다. 이것이 그들과 우리의 차이다. 소통의 달인들은 누군가를 만나면 가장 먼저 그들의 관심을 유도하고 이를 유지시키는 데에 성공한다. 물론 여러분에게도 타인의 관심을 사로잡는 능력이 있을지 모른다. 혹시라도 이 같은 능력이 없다고 해도 너무 걱정하지 마라. 사람들과 쉽게 연결되는 능력은 누구나 배울 수 있기 때문이다. 그것은 가창력과 같이 타고난 능력이 아니다. 지금껏 살아오면서 사람들의 관심을 이끌어내지 못해 타인으로부터 외면을 당했거나 사람들을 제대로 설득하지 못했더라도, 용기를 갖기 바란다. 누구나 소통의 달인 대열에 낄 수 있다.

　세상은 눈코 뜰 새 없이 바쁘게 돌아간다. 사람들의 관심을 사로잡고 유지하려면 무엇보다 그들과 연결되어 공감대를 만들어낼 줄 알아야 한다. 단순히 만나서 대화하는 것만으로는 통하지 않는다. 타인의 관심을 집중시키려면 그들이 원하는 것, 가치 있는 것을 제공해야 한다. 가치를 제공하지 못하면 그들은 금세 당신에게서 등을 돌릴 것이다. 이런 역량은 과거에는 '가지고 있으면 좋은 능력'이었겠지만, 오늘날에는 '일의 성패를 좌우하는 핵심 기술'로 통한다. 예전과 달리 오늘날에는 이야기를 듣는 사람들이 영향력을 크게 발휘한다. 비유하자면, 이야기를 듣는 사람은 리모컨을 가지고 여러 채널 중 하나를 선택할 수 있다. 당신은 그 채널들 가운데 하나인 셈이다. 다시 말해 사람들이 선택권을 가지고 있고, 당신은 그들이 좋아하는 '인기 채널'이 되어야만 한다. 따라서 당신은 구미가 당기는 이야기로 일단 사람들의 관심을 사로잡아야 한다.

당신이 매력적인 이야기로 사람들의 주의를 끄는 데 실패한다면(생각만으로도 끔찍한 상황이지만), 사람들은 당신에게 싫증을 느끼고 집중하지 못한 채 다른 것에 관심을 쏟는

일단 주의를 이끌어내면 절반은 성공!

다. 결국 사람들은 내면의 리모컨을 조작하여 당신을 외면할 것이다. 예컨대 당신의 이야기를 듣는 대신 문자 메시지를 들여다보거나 스마트폰을 만지작거리고, 또는 웹서핑을 더 즐기고 싶어 할 것이다. 모든 것을 빨리빨리 처리해야 하는 오늘날, 사람들은 당신이 지루하다고 느껴지면 말을 끝까지 듣지 않고 중간에 끼어들어 자기 말을 해버리기도 한다. 한편 오늘날의 커뮤니케이션 환경은 사람들이 직접 얼굴을 마주하고 대화하는 일을 부담스럽게 생각하기도 한다. 아래의 내용을 함께 살펴보자.

- 당신과 대화하던 사람이 중간에 휴대전화를 받는다. 그리고 당신을 내버려둔다.
- 옆 칸막이 너머에 있는 동료가 당신에게 직접 말하는 대신 이메일로 용건을 전달한다.
- 누군가가 당신에게 전화로 말하거나 직접 대면하지 않고, 이메일 또는 문자 메시지로 연락하는 등 당신과 거리를 둔다.

왜 이런 일들이 벌어질까? 문제의 원인은 즉각적인 만족을 느끼고픈 유혹에서 비롯된다. 사람들은 자신이 필요로 하는 것을 빠르게 얻을 수 있는 환경에서 살고 있다.

가령 누군가에게 길을 물어 목적지를 찾아가는 대신 내 비게이션으로 원하는 곳을 빠르게 찾고, '스피드 데이트(독신 남녀들이 여러 이성을 잠깐씩 만나도록 하는 행사―옮긴이)'에 회원으로 가입해 짝을 만난다. 또한 인스턴트 메시징으로 의견을 전달하고, 단기 체중감량 수술을 통해 몰라볼 정도로 살을 뺀다. 뿐만 아니라 스프레이 태닝(spray tans)으로 살을 태우며, 10분 만에 끝내는 치아미백제로 이를 깨끗이 만들기도 한다. 심지어 〈아메리칸 아이돌(American Idol)〉 같은 오디션 프로그램을 거치면 바로 가수가 될 수도 있다. 이런 프로그램에서 우승하면 오랜 연습생 기간이 불필요하다. 예를 들자면 끝도 없다.

공감하겠지만 무엇이든 빨리 처리할 수 있는 시대다. 그런데 이 대목에서 한 가지 사실이 분명해진다. 주의 지속시간(attention spans)이 짧아진 환경이라면 사람들의 환심 또는 관심사를 빨리 이끌어내는 일이 자신에게 유리하다는 점이다. 그렇다면 어떻게 해야 사람들의 관심을 사로잡을 수 있을까? 간단하다. 솔직한 마음으로 상대방의 가려운 곳을 긁어주고 가치 있는 내용을 제공하면 된다. 즉 공감대를 불러일으킬 만한 이야기, 그들이 원하는 정보, 때로는 유머를 곁들여가며 사람들의 눈과 귀를 사로잡는 데 성공해야 한다. 비법은 이렇게 정리할 수 있다. 사람들이 원하고 중요하게 생각하는 것을 제시함으로써 그들의 관심사가 다른 곳으로 옮겨가지 못하도록 하는 것이다.

자아도취에 빠진 말, 무의미한 수다는 금물!

사람들이 나의 이야기를 잘 들어주지 않는 상황이 있다. 왜 그들의 관심을 이끌어내지 못하는 걸까? 여러 가지 원인이 있겠지만, 주로 다음과 같은 것들이 주요 이유가 된다.

- 요점을 말하는 대신 이야기를 장황하게 늘어놓는다.
- 대화법이 잘못되었다.
- 사람들의 생각에 초점을 맞추지 않는다.
- 사람들이 속으로 느끼는 거부감을 간파하지 못한다.
- 사람들이 바라고 중요시하는 것을 잘못 이해한다.
- 당황한 나머지 부정적인 인상을 제공한다.
- 사탕발림을 하거나 의기소침하도록 만든다.
- 충분히 설명하지 않는다.
- 상황에 맞는 말을 사용하지 않는다.

당신의 이야기가 무미건조하다면, 그 말을 오랫동안

들어줄 만한 인내력을 가진 이는 드물다. 메시지가 불분명하다면 집중력을 갖고 경청하기가 쉽지 않다. 만약 앞에서 나열한 것과 같은 모습을 보인다면 사람들은 당신을 멀리할 것이다. 해법은 무엇일까? 사람들이 필요로 하고 중요시하는 것을 빠르게 제시하여 공감대를 만드는 것이다. 여기서는 약간의 센스가 필요하다. 그들의 필요와 가치에 초점을 맞춘다면, 그들은 당신에게 깊은 애정과 관심을 보임으로써 보답할 것이다. 영화 〈제리 맥과이어(Jerry Maguire)〉에서 톰 크루즈(Tom Cruise)가 그랬던 것처럼, 당신이 말문을 여는 순간 사람들은 열광할 것이다.

대화 상대방의 관심을 유지시키고 연결되는 일이 얼마나 중요한지 이해했을 것이다. 일단 사람들과 연결되어 그들의 관심을 유지하는 데 성공한다면, 다음으로 핵심 정보를 전달하여 그들의 행동을 이끌어내는 단계로 넘어가야 한다. 이제 본격적으로 사람들의 관심을 사로잡기 위한 커뮤니케이션 전략과 기법들을 집중적으로 살펴보겠다. 무엇보다 이 전략과 기법들을 유용하게 활용하기 바란다. 상대방의 관심을 유지시키는 데 성공함으로써 소통의 효과를 최대한 높이고 당신의 평판도 더욱 빛낼 수 있기를 바란다.

02 대화 상대방에게 집중하라
대화 상대방의 현재에 머물기

대화 상대방의 현재에 머무른다는 말은 무슨 뜻일까? 이는 지금 나와 대화하는 사람에게 완전히 집중한다는 의미다. 또한 사람들의 관심사를 얻기 위해 먼저 나 자신의 관심을 관리해야 한다는 뜻이기도 하다. 현재의 순간에 집중하면 상대방은 본능적으로 좋은 반응을 보여준다. 당신의 말에 귀를 기울이고 당신이 전하고자 하는 메시지에 관심을 집중한다. 이 전략은 사람들의 주의를 분산시키지 않고 관심을 오랫동안 유지키는 데 효과적이다.

상대방의 대화에 집중하라

모 기업의 전도유망한 임원인 린다(Linda)는 자기중심적인 생각이 초래하는 나쁜 결과를 체험한 뒤로 '대화 상대방의 현재에 머무는 법'을 배웠다. 어느 월요일 이른 아침, 린다는 이메일을 보면서 빡빡한 회의 일정을 살펴보고 있었다. 때마침 그녀의 휴대전화기가 울렸다. 거래처 기업의 회장이 직접 걸어온 전화였다. 회장은 이렇게 말했다.

"린다 씨의 평판이 꽤 좋더군요. 당신이 우리 리더십 팀을 이끌어주면 어떨까 하고 생각합니다만…"

그런데 회장은 린다와 전화 통화를 계속하면 할수록 뭔가 부정적인 기운을 느꼈다. 그녀가 산만하고 몹시 서두른다는 생각이 든 것이다. 게다가 린다는 회장의 말을 가로막고 자기 말만 늘어놓기도 했다. 회장은 린다가 자기중심적이고 주의가 산만해서 리더십 팀을 효과적으로 관리하기에는 자질이 부족하다고 느꼈다. 결국 회장은 짧은 전화 통화에서 린다를 채용할 생각을 접게 되었다.

이 사건은 린다에게 큰 교훈을 남겼다. 그녀는 대화 상대방의 현재에 머무르기 위해 자신의 대화 스타일을 어떻게 바꿨을까? 이 사건 이후 그녀는 전화 통화를 하면서 이메일을 보는 습관을 버렸고, 현재의 대화에 집중하는 연습을 끊임없이 시도했다.

한편 대기업에서 영업사원으로 일하는 존(John)은 대화 상대방의 현재에 집중함으로써 그의 최대 거래처를 지켜냈다. 오랫동안 거래해온 고객을 만난 자리였다. 존은 고객에게 상품을 소개하다가 왠지 모를 찜찜함을 느꼈다. 뭐라고 콕 꼬집어 말할 수는 없었지만, 존은 직감적으로 상품 설명을 중단하고 고객으로부터 느껴지는 묘한 분위기에 자신의 초점을 맞추기 시작했다. 존은 고객에게 물었다. "랜디(Randy) 씨, 따로 생각하시는 게 있는 것 같습니다. 어떻게 도와드리면 될까요?" 그의 물음은 적절했다. 사실 랜디는 자신에게 적극적으로 구애하는 존의 경쟁회사 영업사원과 거래를 새로 시작해야 할지 말지 고민 중이었다. 그동안 존은 고객인 랜디와 별다른 문제없이 지내왔지만, 그의 마음을 완전히 사로잡지는 못했던 것이다. 이 사실을 깨달은 존은 랜디가 현재 필요로 하고 중요시하는 것에 초점을 맞췄으며, 결국 자신의 최대 거래처를 잘 지켜냈다.

스스로에게 아래의 질문을 던져보자.

- 사람들과 연결되는 나름의 기술이 혹 녹슬지는 않았나?
- 첨단 IT 기술이 지배하는 소통 환경 때문에 대면소통 능력이 떨어져 있는가?

- 무심코 자기중심적이고 주의가 산만한 인상을 남기거나 서두르다가 좋은 기회를 놓치지는 않는가?

이제 사람들의 현재에 집중하여 사람들의 관심을 유지시키는 데 유용한 세 가지 실천지침을 소개한다.

실천지침 1_ 바로 그 자리에서 요구를 파악하기

'청중의 현재 요구에 집중'함으로써 세기의 명연설을 남긴 사람이 있다. 흑인 인권운동가 마틴 루터 킹(Martin Luther King) 목사다. '나에게는 꿈이 있습니다'라는 말로 시작되는 그의 연설은 실제로 이 전략을 잘 활용한 사례다. 1963년 8월 어느 뜨거운 날, 링컨 기념관 계단에서 사전에 준비한 연설을 마친 킹 목사는 수십만 명에 이르는 군중의 분위기를 살피며 그들이 무언가를 더 원하고 있음을 알아차렸다. 그 순간 킹 목사는 주저함 없이 '나에게는 꿈이 있습니다'라고 연설을 하기 시작했다. 나중에 밝혀진 사실이지만 이는 사전에 계획된 일이 아니었다. 수많은 사람들을 감동시킨 그 말은 킹 목사가 연설하기 얼마 전, 그의 교회의 또 다른 목사가 설교를 마치면서 마지막에 한 설교였다. 킹 목사의 그 말 한마디에 온 나라가 뒤흔들렸다. 킹 목사는 대중이 현재 무엇을 원하는지 간파하여 그들과 완전히 연결되었고 미국을 충격의 도가니로 빠뜨렸다.

여러분도 킹 목사처럼 말할 수 있다. 지금 바로 당신이 서 있는 바로 그 자리에서 사람들이 필요로 하는 가치에 집중하는 것이다. 살아오면서 대화 상대방에게 나의 생각을 술술 전달하면서 그들의 필요를 충족하고자 노력한 적이 많았을 것이다. 그러는 가운데 체득한 감각을 활용해보기 바란다. 사람들의 반응이 좋든 나쁘든 그들의 분위기를 잘 살핀 후 핵심 단서를 찾아라. 이러는 과정 속에서 언제 말을 덧붙이고 말을 줄일지, 언제 사람들의 말을 경청해야 할지 깨닫게 된다.

꽂히는 말로 매료시켜라 TIPS 1

바로 그 자리에서 상대방에게 집중하는 법

❶ **존중을 표현하라** | 누군가의 사무실을 찾았는데, 상대방이 정신없이 바쁜 것처럼 보일 때, 그에게 예의를 갖추고, "지금 매우 바빠 보이시네요. 언제 시간 괜찮으신가요? 다시 찾아뵙겠습니다"와 같은 식으로 말해 미리 상대방의 관심을 끌어놓는다.

❷ **넘겨짚지 마라** | 마음이 급한 나머지 '이쯤이면 상대방이 말을 마치겠지' 하는 생각에 불쑥 상대의 말을 가로막으려는 마음을 자제하라. 상대의 말을 끝까지 들어라. 말을 가로막

다가 그의 진짜 속마음을 놓칠 수 있다.

❸ **머리가 아니라 마음을 노려라** | 먼저 대화 상대방의 감정부터 살펴라. 이른바 정서적 호소력을 발휘하자는 것이다. 대화 상대방의 현재 상태를 잘 살펴서 관심을 이끌어내라.

❹ **큰 그림 속에서 상대방의 메시지를 파악하라** | 상대방이 쉴 새 없이 떠들어대면 정신이 혼미해지는 지경에 이르기도 한다. 가끔 이런 경험을 하지 않는가? 대화 상대가 끊임없이 내뱉는 한마디 한마디에 집착하지 말고 큰 그림 속에서 그의 메시지를 파악하라.

❺ **도구가 아닌 사람에게 집중하라** | 노트북으로 보여주거나 스크린 앞에서 뭔가를 설명할 경우, 슬라이드에 시선을 빼앗겨서는 안 된다. 슬라이드가 아무리 눈에 잘 들어온다 해도, 청중을 지켜보며 반응을 살펴야 한다.

❻ **상대방 시선을 살펴라** | 상대방이 눈썹을 치켜 올리거나 매서운 눈초리로 흘겨본다면, 그것은 당신이 상대의 민감한 부분을 건드렸거나 무언가 실수했다는 명백한 신호다.

❼ **상대방 입술을 주시하라** | 입술은 우리 신체 중 감정이 가장 잘 드러나는 부위다. 입술을 아래로 내리거나 오므린다면, 당신의 말에 실망했거나 반대한다는 의미로 신호를 보내는 것임을 알아라.

❽ **상대방 입을 주목하라** | 당신의 이야기를 듣던 사람이 입을

굳게 다문 적이 있는가? 그런 표정은 부정적인 신호다. 당신의 의견에 반대하거나 당신의 말이 마음에 안 든다고 신호를 보내는 것이다.

❾ **상대방에게 맞는 대화 방식을 사용하라** | 대화를 할 때 상대방이 당신의 방식에 맞추기를 기대하지 마라. 대신 당신이 상대방의 방식에 맞춰라. 분석적이고 사실을 중요시하는 사람을 상대할 경우, 그가 필요로 하는 사실을 제시하라. 상처를 잘 받는 사람과 대화할 때에는 정서적인 부분에서 무언가를 채워주기 위해 애써라.

실천지침 2 _ 의도를 파악하면서 듣기

"오늘은 정말 내가 하는 모든 말 한마디 한마디에 내 의도가 분명하게 반영되었어. 나는 의견을 전달하면서 한 번도 실수하지 않고 말을 술술 잘 풀어냈지. 그 결과 사람들의 마음을 움직일 수 있었고, 모두들 나의 말을 정확하게 이해했다고!"

여러분에게도 이런 날이 있었는지 묻는다면, 아마 '그렇다'고 대답하는 사람은 극히 드물 것이다. 그러나 실망할 필요는 없다. 몇몇 사람을 제외하고 이처럼 훌륭하게 말할 수 있는 이는 드물다. 내 마음과는 다른 말이 나오는 일은 누구나 종종 겪는 일이다. 당신이 전달하려는 메시지는 당신의 머리와 입 사이의 어딘가에서 변형되어 나오는 경우가 많다. 이렇듯 의도와는 다른 말이 나오는 일이 많으니, 거꾸로 생각해보면 누군가가 내뱉는 말 자체에 집착하는 건 위험한 일이다. 결국 사람들의 말이 아닌 감정을 파악해야 한다. 누군가의 현재에 머문다는 것은 그의 속마음, 즉 진심을 파악하기 위해 상대방의 말에 세심히 귀 기울이는 태도를 의미한다.

상대방의 생각을 파악하면서 듣는 법

꽂히는 말로 매료시켜라
TIPS 2

상대는 어떤 말을 반복할까? 상대방이 민감하게 생각하는 부분의 단서를 찾는 것이다. 사람들은 자신이 원하고 중요하게 생각하는 것을 반복해서 말하는 경향이 있다. 특히 자신의 말이 잘 전달되지 않는다고 느낄 때 더욱 그런 모습을 보인다. 아래의 항목들을 참고하여 대화 상대방의 생각을 파악하는 데 도움을 얻어보기 바란다.

❶ **강조하는 부분에 주목하라** | 사람들이 특별히 힘주어 말하는 부분에서 암시를 알아차려라. 그런 말에 중요한 의미가 내포되어 있다. 말하는 사람의 생각을 분명히 알아내

기 위해 "그에 대해 좀 더 말해주겠어요?"라고 말해보라.

❷ **질문으로 고쳐 말하라** | 혼동의 가능성을 없애기 위해 이해한 것을 재차 확인하자. "제가 제대로 이해했는지 확인해보겠습니다. ~라고 말씀하셨죠?"라고 되물어서 상대방의 생각을 분명히 파악하고 신뢰를 얻어라.

❸ **부정적인 질문을 사적으로 받아들이지 마라** | 사람들은 진심으로 관심이 있어서 걱정을 드러내기도 한다. 열린 마음을 갖자. 사람들이 솔직한 질문을 한다면, 그들이 당신의 의견에 관심이 있다는 신호를 보내는 중이며, 이때 이야기를 자세히 해주면 된다.

❹ **회의에서 시간을 장악당하지 마라** | 간혹 회의에서 한 사람의 관심사에 너무 신경 쓰면 다른 사람들이 불만을 토로하기도 한다. 질문하는 사람이 당신의 상사나 임원이 아니라면, 질문을 쏟아내는 한 사람에게 답변하느라 너무 많은 시간을 쓰지 마라. 대개 질문을 많이 하면 그만큼 관심이 많은 것처럼 보이기 때문에 주의해야 한다.

실천지침 3 _ 코드레드 상황 피하기

극도로 스트레스를 받다가 '유체이탈' 한 기분을 느낀 적이 있는가? 감정이 상한 나머지 냉정을 잃은 적이 있는가? 곤란한 상황에 직면해서 신속하게 대처하지 못한

적이 있는가? 많은 사람들 앞에 나서면 망부석처럼 굳어
버리는 사람들이 있는가 하면, 자신감 넘치는 모습으로
무대를 활보하는 사람도 있다. 두 유형의 사람들 모두
이른바 '코드레드(Code Red: 테러리스트의 공격에 대한 위험
이 매우 심각한 상태-옮긴이)' 상황에 놓여 있는 것이다. 두
유형의 태도는 모두 자신의 경력에 나쁜 영향을 끼칠 수
있다.

'코드레드'라는 용어를 꺼
낸 이유를 눈치 챘는가? 테러
리스트의 공격에 대한 위험도
를 시민들에게 미리 경고하는
홈랜드 시큐리티 경보 시스템
(Homeland Security Advisory
System: 9·11 세계무역센터 테
러 이후 미국이 마련한 대테러 대
응지침-옮긴이)을 생각해보자.

■ 홈랜드 시큐리티 경보 시스템
의 단계별 대응조치

홈랜드 시큐리티 시스템은 위험도에 따라 색깔별로 5
단계(초록색·파랜색·노란색·주황색·빨간색)로 구성된다.
그림과 같이 테러리스트의 공격에 대한 위험도가 가장 높
은 단계는 빨간색이다. 이 단계를 '코드레드'라고 부른다.

누구든지 간에 중요한 커뮤니케이션 상황에서 '청중의 현재에 머물지 못하는 자기만의 코드레드 상황'에 놓일 수 있다. 이처럼 심각한 상황은 극단적으로 투쟁하거나 도주하는 본능적 반응을 불러일으키며, 치명적인 위험으로 이어진다. 안타깝게도 우리는 '코드레드' 상황을 잘 인지하지 못한다. 그것을 인지해도 이미 때가 늦는 경우가 많다. 켈리(Kelly)는 바로 이런 상황에 놓였다가 조직 생활에서 피해를 볼 뻔했다. 다국적 소비재 기업에서 이사로 일하는 켈리는 회사 경영진 중 유일한 여성 임원이다. 그녀는 소심한 성격 때문에 감정을 잘 조절하지 못했다. 켈리는 자신이 인정받지 못한다고 생각할 때 감정에 복받쳐 눈물을 글썽이는 모습을 보이기도 하였다. 경영진은 이런 켈리를 멀리하기 시작했고, 나중에는 그녀를 진지하게 대하지 않았다.

켈리는 어떻게 감정을 조절하는 법을 배우고 자신의 운명을 바꿨을까? 그녀는 홈랜드 시큐리티 시스템의 단계별 대응조치를 조그맣게 복사하여 자신의 다이어리에 붙여두고는 감정이 복받칠 때마다 그것을 들여다보았다. 그러면서 스스로 위험도가 높아지는 상태가 오면 이를 인지하고 마음을 진정시켰다. 그렇게 켈리는 현재의 순간에 집중했다. 내면적으로 자신의 욕구와 미묘한 감정 변화에 집중하기보다 외면적으로 자신의 말을 듣는 사람에게 집중하면 도움이 된다. 자신의 감정을 잘 통제할 수 있게 되는 것이다. 이렇게 하면 자신의 경력에 나쁜 영향을 끼칠 수 있는 상황을 피하고 사람들의 관심을 유지시킬 수 있다.

마음이 불안한 '코드레드' 상황을 피하는 방법

꽂히는 말로
매료시켜라
TIPS 3

❶ **마음을 느긋하게 가져라** | 중요한 사람들 앞에서는 당신의 마음이 급속히 요동친다. 그러면서 당신은 지나치게 생각을 많이 하거나 하나하나를 너무 따진다. 그러나 마음을 느긋하게 가지면 불안으로 인한 '유체이탈' 상태에 빠지지 않는다. 마음이 느긋해지면 의견을 능숙하게 전달할 수 있고 사람들에게 자연스럽게 보이면서도 호감을 주는 데 도움이 된다.

❷ **반비례 법칙을 따라라** | 당혹스러운 질문을 받으면, 오히려 더욱 차분하게 답해야 한다. 그런 질문에 따지려 하지 마라. 자칫 자신을 보호하려는 태도로 비칠 수 있다.

❸ **실수를 스스로 바로 잡아라** | 많은 사람들 앞에서 말하다 보면 한 번쯤 실수를 하게 마련이다. 실수해서 당황한 나머지 아무 일도 없었다는 듯 문제를 피하려 하면 안 된다.

그렇게 한다면, 사람들은 당신이 상황을 인식하지 못하거나 오만하다고 여길 수 있다. 그보다는 실수를 인정하고, 곧바로 실수를 바로잡아라.

❹ **중간 궤도를 수정하라** | 사람들이 무언가를 못마땅해 하거나 관심을 잃은 징후를 포착하는 경우, 그 상황에 유연하게 대처하라. 사전에 준비한 회의 의제를 수정하거나 사람들이 좀 더 관심을 가질 만한 화제로 분위기를 바꾸어도 좋다. 소통의 달인들은 청중의 반응에 즉각 반응할 줄 안다.

❺ **변명의 여지가 없음을 옹호하지 마라** | 수백억 달러 규모의 기업을 운영하는 어느 회장은 '타인의 의견에 열린 모습을 보이지 않는 직원들을 볼 때 가장 화가 난다'고 말했다. 그의 생각이 옳다. 융통성 없이 자신의 입장을 지나치게 내세우지 마라. 자칫 사람들의 반감을 사 참신한 의견을 펼칠 수 있는 기회조차 놓칠 수 있다.

❻ **가르치려 하지 마라** | 자신의 의견을 열심히 전달하고 사람들의 반응에 세심히 귀를 기울여라. 마치 강연가가 된 듯 행동해서는 안 된다. 사람들과 대화를 시작하는 것이 중요하기 때문이다. 강연가가 된 것처럼 사람들을 가르치려 들면 그들은 거부감을 갖게 될 것이다.

상대하기 힘든 사람들의 관심을 유지시키기

꽂히는 말로 매료시켜라 TIPS 4

상대하기 힘든 사람들을 설득하기란 여간 힘든 일이 아니다. 우리는 종종 대화를 이어가기가 어려운 사람을 만나곤 한다. 그런 사람이 누구인지 떠올려보자. 혹시 그 사람은 매사를 자기 위주로 생각하고 특권 의식에 젖어 충동적으로 행동하거나, 갑자기 화를 내는 사람은 아닌가? 이처럼 상대하기 힘든 사람들과 소통하는 지침 몇 가지를 소개한다.

❶ **자기중심적인 사람들에게 선택권을 주자** | 자기중심적인 사람들은 대화의 중심에 서지 못했을 때 위신이 떨어질까 불안해한다. 이런 사람들에게 자신감을 심어줄 필요가 있다. 이들의 현재에 머물면서 이들에게 선택권을 제공하면 이들은 자신에 차고 존중받는다고 느낄 것이다. 선택권을 주면 이들이 불안감을 느낀 나머지 급하게 서두르거나 화를 내는 일이 크게 줄어든다.

❷ **걱정이 많은 사람들은 대개 들을 것으로 예상한 이야기만 듣는다** | 사람들은 듣기 두려운 소식이 들리지 않을까 하고 내내 불안에 떨 때가 많다. 그러다가 누군가가 무슨 얘기를 꺼내면 나쁜 소식이라고 착각하기도 한다. 이런 사람들이 충분히 이해할 수 있는 말로 재차 의견을 전달하라. 그래야 뜬소문이 나지 않고 의사 전달을 분명하게 할 수 있다.

❸ **문제를 피하지 마라** | 문제가 생겨도 피하지 마라. 상대방의 지적에 존중을 표하고 '문제를 해결하기 위한 시간을 달라'고 정중히 요청하라. 문제를 성실히 해결함으로써 자신감과 열정에 찬 인상을 남기고 미래 지향적인 관계를 맺을 수 있다.

❹ **정중한 태도가 방향을 잡아준다** | 논의를 하다보면 내 의견에 반대하는 사람이 말을 가로막고 화제와 관련 없는 말을 늘어놓기도 한다. 그럴 때, "좋은 생각입니다. 하지만 지금 논의하는 문제와 관련이 없는 말씀을 하고 계십니다"라고 정중히 말하라. 효과가 나타날 것이다. 정중한 말로 대화의 방향을 바로잡아 논의를 지속할 수 있다. 논의에 참여한 다른 사람들도 '말만 많은 사람'을 제지한 것에 감사할 것이다.

❺ **빠르게, 진심으로 사과하자** | 오해는 쌓이도록 방치하지 마라. 실수를 저지른 경우, 재빨리 오해를 푼 다음 해결책을 모색하는 게 좋다.

비판을 수용하고 비판하는 방법

먼저 비판을 수용하는 자세부터 살펴보도록 하자. 비판이 달가운 사람은 없다. 그렇다고 귀를 막고만 있다면 긍정적인 인간관계를 만들어가는 데 한계에 부딪치고 만다. 비판을 수용하지 못한다면 자칫 불통의 이미지만 남길 수도 있다. 비판을 수용하는 올바른 방법은 무엇일까?

❶ **비판자의 의도를 유념하자** | 유능한 상사와 현명한 고객들은 당신이 최고의 성과를 달성하기 바라는 마음으로 당신을 비판한다. 인간적으로 당신의 위신을 떨어뜨리려는 것이 아니다.

❷ **자세히 말해달라고 요청하자** | 비판자의 생각을 분명히 파악하기 위해, 비판을 경청한 후 자세히 말해달라고 요청한다. 이는 비판에 접근하는 최선의 방법이다.

❸ **새롭게 깨달은 사실을 자기 것으로 만들자** | 나를 향한 비판을 수용하는 가운데 사소한 것이라도 깨닫는 사람이 승자가 된다. 한 걸음 물러나 자신의 성과를 다른 사람의 의견에 비추어 되돌아보라.

❹ **성급한 마음을 억누르자** | 상대방이 당신에 대한 비판을 모두 말할 때까지 대꾸하지 마라. 끝까지 듣고 기다려라. 인내심을 발휘하자. 성급하게 자신의 생각을 옹호한다면, 상대가 까다로운 사람인 경우, 당신을 더욱 신랄하게 공격할 것이다.

❺ **비판하는 사람의 감정을 이해하자** | 당신을 비판하는 사람은 어떤 감정을 느낄까? 당신을 돕고 싶은 것일까? 아니면 우월감을 느끼고 싶어서 당신을 공격하는 것일까? 후

자라면, "의견을 주셔서 감사합니다"라고 정중하게 말한 후 더 이상 그것을 문제 삼지 않는 것이 이롭다.

이번에는 제대로 된 비판에 대해 함께 알아보자. 살다 보면 누군가에게 비판을 해야 할 때도 종종 있다. 그런데 상대방의 마음에 상처를 주지 않고 비판하기란 쉬운 일이 아니다. 소통의 달인이 되고 싶다면 다음의 내용을 참고하기 바란다.

❶ 상대방을 적으로 만들지 않고 논점을 분명히 밝히자 | 의사소통을 할 때 인간적인 측면과 성과의 측면을 모두 고려하는 것이 현명한 태도다. 즉 상대방을 비판할 때에는 두 가지 측면을 모두 고려해야 한다. 어느 하나를 위해 다른 하나를 포기해서는 안 된다. 그렇게 하면, 비판을 받는 당사자가 책임을 회피하거나 핑계를 늘어놓을 것이다.

❷ 질책을 아껴두지 말자 | 관리자들은 부하직원들을 평가하고 지적할 수밖에 없다. 지적과 평가도 관리자의 책무다. 그러나 세심하게 주의하면서 비판해도 실수를 하게 마련이다. 부하직원의 실적이 너무 저조하고 그 때문에 다른 직원들이 피해를 보고 있다면, 즉시 부하직원과 대화해야 한다.

❸ 감정적 상처를 최소화하자 | '칭찬은 공적으로, 비판은 사

적으로' 라는 말을 들어봤을 것이다. 남들이 안 보는 자리에서 잘못을 지적함으로써 감정적 상처를 최소화하자.

❹ **샌드위치 비판법을 사용하라** | '칭찬-비판-칭찬' 의 순서로 비판하라. 즉, 상대방의 성과나 자질에 대해 칭찬이나 긍정적인 말을 먼저 꺼낸 후에 비판을 하라. 그 다음 다시 칭찬을 해라.

❺ **돌발 사태에 대비하자** | 신중하게 비판하더라도 과민하게 반응하는 사람이 있다. 상대방이 갑자기 민감한 반응을 보이면, 그의 성과를 향상시킬 수 있는 방법에 초점을 맞추어 대화하자.

03 핵심 메시지를 앞세워라
핵심부터 먼저 제시하기

대중이 자신들에게 이로운 사항을 바로 이해하고 그에 대한 관심을 유지하도록, 대중의 환심을 살 만한 소재를 재빨리 내세운다는 의미로 '맨 앞에 내세우기(Frontloading)'라는 용어를 만들어봤다.

대중과 관련된 소재를 빠르게 끄집어내어 그들을 사로잡아라

당신은 사무실에서 소매를 걷어 붙이고 하루를 시작할 준비를 한다. 그리고 문을 등지고 앉아 업무를 하나씩 처리한다. 그런데 인기척이 들리자 당신은 하던 일을 멈춘다. 수다스러운 동료 하나가 문을 열고 들어오며 지껄이기 시작한다.

"시간 좀 있어? 음, 자네가 말했던 게 수요일이었나… 아니면 화요일이었나? 화요일이었는데, 그런데 목요일이었던 것도 같아. 이러쿵 저러쿵…"

그는 계속해서 말을 늘어놓고 이 얘기를 했다가 금방 저 얘기를 한다.

그가 나타나기 전만 해도 당신은 터치다운을 하기 위해 질주하는 페이튼 매닝(Peyton Manning: 미국의 유명한 미식축구 선수-옮긴이)처럼 열심히 업무를 처리하고 있었지만, 지금은 해고되기 직전이나 다름이 없다.

이런 수다쟁이들은 뭔가를 말하러 찾아와서는 할 얘기는 안 하고 따분한 말만을 늘어놓으며 시간을 허비하게 만든다. 이런 사람들이 쓸데없는 말을 늘어놓을수록 정신이 어지러워진다. 당신은 너무도 지루해서 오로지 그 고통에서 벗어나기만을 바랄 뿐이다. 혹시 당신도 그런 사람인가 아닌가를 점검해볼 차례다. 평소 말을 장황하게 늘어놓지는 않는가? 또는 매사에 너무 자세히 설명하려다가 사람들에게 외면을 당하지는 않는가? 그렇다면 해법은 '핵심 메시지를 맨 앞으로 끄집어내는 것'이다.

장황하게 늘어놓지 마라

다국적 기업에서 부사장으로 일하는 마크(Mark)는 일을 꼼꼼하게 처리하는 성격이다. 그런데 그는 무심코 말을 장황하게 늘어놓을 때가 많았다. 결국 경영진은 핵심 메시지를 간단하게 전달하지 못하는 마크에게 귀를 닫아버렸다. 경영진은 마크가 쓸데없는 말을 늘어놓으면서 회의 시간을 모두 잡아먹는다고 생각했다. 더 심각하게는, 사람들이 호응하지 않을 때 마크는 했던 말을 반복했다. 이렇게 무심코 했던 얘기를 반복하고 말을 두서도 없이 늘어놓다보니 정작 중요한 핵심은 꺼내지도 못했다. 경영진은 마크가 한 치의 오차도 없이 계획을 실행해나가는 유능한 사람이라고 생각했지만, 그와 그토록 답답한 대화를 하고 싶지는 않았다.

그러나 마크는 핵심 메시지를 앞세우는 연습을 한 이후 다른 사람으로 확 바뀌었다. 요점을 간략하게 전달하는 방식이 경영진에게 먹혀들면서 마크는 더욱 호소력 있게 의사소통을 하여 업무에서 경영진의 협력을 이끌어냈다. 마크는 변화된 자신의 모습이 너무나 기뻤다. 경영진은 어땠을까? 마크가 더 이상 회의 시간을 독차지하지 않아서 앓던 이가 빠진 것 같은 시원함을 느꼈다.

핵심 메시지를 앞에 내세워라

간단하다. 핵심을 먼저 제시해라. 단, 대화 상대방과 관련이 있는 내용이어야 한다. 메시지를 전달하기 전에 대화 상대방에게 무슨 이야기를 해야 하며, 그가 무엇을 필요로 하고 가치 있게 생각하는지 고민해보자. 그런 내용이 떠오르면 대화 상대방에게 전달할 말의 핵심과 조합해서 메모지에 간략하게 적는다. 대화 상대방이 절대로 외면하지 못하거나 정말로 가치 있게 생각할 만한 소재를 찾아 메모한다. 그리고 이렇게 메모지에 적은 내용을 가장 먼저 제시한다. 이 과정은 대화 상대방의 유형에 맞춰서 실천하면 된다. 핵심 메시지를 맨 앞에 내세움으로써 마음을 사로잡고, 대화하는 내내 상대방의 관심을 유지시키는 것이다.

핵심 메시지를 앞세워 사람들과 연결되는 방법, 이 전략을 습관으로 만드는 실천지침을 함께 살펴보자.

실천지침 1 _ 전체 그림 제시하기

핵심 메시지를 맨 앞에 내세울 때 흔히 전체 그림을 제시하지 않고 세부 내용으로 들어가는 실수를 범하기도 한다. 이런 경우 대화 상대방은 무슨 말인지 이해하지 못한다. 당신의 이야기에서 자신과의 관련성을 찾지 못해 겉돌기만 한다.

먼저 대화 상대방이 당신의 전반적인 생각과 의견을 분명히 이해하게 해야 한다. 그리고 세부 내용으로 들어가야 한다. 그런데 우리가 일상적으로 하는 일에서 이른바 '지식의 저주(the curse of Knowledge, 지식이나 정보가 오히려 커뮤니케이션에 방해가 될 수 있다는 말 —옮긴이)' 현상이 비롯될 수 있다. 우리는 흔히 '나에게 익숙한 사실이나 정보를 다른 사람도 으레 알고 있겠지' 하고 착각할 때가 많다. 하지만 실제 사정은 그렇지 않다. 아는 것이 병이 되는 셈이다.

대규모 소비재 기업의 회장 자리에 오른 로버트(Robert)도 첫 신년 임원 회의를 주재하다가 지식의 저주 현상을 겪고 말았다. 업계가 불황에 빠져 성장세가 하락하는 상황에서 임원 회의가 열렸다. 회의에 참석한 100명의 최고 임원진은 불안에 떨었다. 회의는 리더십을 주제로 하여 진행되었다. 로버트는 회의를 시작하며 향후 경영 계획을 밝혔을까? 아니다. 그러지 않았다. 그게 아니라면 임원들에게 각 사업부를 이끌어가기 위한 지침을 제시했을까? 아니다. 그러지 않았다. 로버트는 의제가 무엇이며, 쉬는 시간이 언제이며, 누가 나와서 발표할 것인지 등 회의 진행에 관한 내용을 늘어놓았고, 그러다보니 자신도 모르게 회사의 미래 비전에 대한 전반적인 내용을 전달하지 못했다. 그 결과 로버트는 신임 회장으로서의 리더십에 타격을 입고 말았다.

 가장 먼저 핵심적인 내용, 전반적인 내용을 제시해라. 그러지 않는다면, 당신은 입을 연 순간 사람들로부터 외면을 당할 것이다. 사람들이 핵심 메시지를 인지하면 당신에게서 관심을 끈을 놓지 않는다. 즉 세부 내용으로 들어가기 전, 처음부터 핵심 메시지를 통해 전체 그림을 보여주어라.

핵심 메시지, 전체 그림을 제시하는 법

❶ **중요한 이야기를 뒤로 미루지 마라** | 당신이 전달할 메시지의 핵심을 빨리 파악하여 간추리고, 그것을 모든 사람들에게 분명히 전달한 다음 세부 내용을 설명한다. 신문의 헤드라인을 떠올려보라. 그것이 메시지의 핵심이다. 이렇게 해야 사람들이 세부 내용을 이해하고, 그것을 실천해야 하는 이유를 찾는다.

❷ **첫 마디가 사람들의 뇌리에 박히게 하라** | 당신의 입에서 나오는 첫 마디는 사람들의 뇌리에 오래 남게 된다. 사람들은 당신이 던진 첫 마디에서 당신의 의도를 파악하고 궁

정적으로든 부정적으로든 세부 이야기를 예측한다. 당신에 대한 인상이 청중의 뇌리에 긍정적으로 박히게 하라.

❸ **스포츠 해설자처럼 하라** | TV 아나운서가 아니라 스포츠 해설자처럼 하라. 단순히 사실을 전달하기보다 당신이 전달하는 사실을 분석하여 들려주라는 말이다. 이로써 당신이 해당 주제를 잘 알고 있다는 인상을 남겨라. 프로젝트를 승인받기 위해 팀 회의에 참석했다고 상상해보자. 무엇을 먼저 해야 할까? 프로젝트를 실시함으로써 팀 전체의 실적과 회사의 이익을 높일 수 있는 이유부터 설명하는 것이다.

❹ **TV프로그램 시놉시스처럼 요약하라** | 당신의 의견을 몇 마디로 간략하게 요약할 수 있는가? 이는 TV프로그램 목록을 설명하는 방식과 같다. TV프로그램 목록을 보면, 장시간 동안 진행되는 프로그램을 간략히 개요로 정리하여 보여주고 있음을 알 수 있다. 정보의 홍수 속에 사는 이 시대의 사람들은 대개 이런 방식을 원한다. 더 자세한 내용을 듣고 싶어 하는 사람들을 위한 긴 이야기는 아껴두자.

❺ **아코디언 연주를 상상하라** | 커뮤니케이션의 달인들은 장단을 잘 조절한다. 청중이 시간이 별로 없거나 성미가 급해서 빨리 본론으로 들어가길 원하는 경우가 있을 것이다. 이때 아코디언을 연주한다고 상상해보자. 아코디언의 주름상자를 바짝 줄이듯이, 긴 이야기를 간략하게 요약한

다. 긴 이야기는 나중을 위해 남겨둔다. 청중이 질문을 하면 주름상자를 펴듯이 이야기를 펼쳐놓으면 된다.

❻ **'Tease' 하라** | 다수의 주제를 다루어야 하는 경우라면 어떻게 해야 할까? 〈투데이쇼(Today Show)〉 같은 유명 프로그램을 보면 여러 주제를 다루지만, 관심사가 저마다 다른 청중의 관심을 계속 유지시킨다. 이런 프로그램을 보면, 프로그램 상에서 다음 순서를 간략히 소개하는데, 이런 방식을 TV 속어로 'Tease(프로그램 첫 머리에 삽입하는 프로 예고나 소개-옮긴이)'라고 한다. 여러 주제를 다룰 때는 'Tease' 하면 된다.

❼ **순서를 매겨라** | 사람들은 신기하게도 숫자를 잘 떠올리고 체계적인 것을 바란다. 그래서 당신의 이야기를 들으면서 머릿속으로 몇 가지 내용을 들었는지 그 수를 세기도 한다. 사람들의 이런 성향을 활용하는 것도 유용한 전략이다. 사람들의 관심을 유지시켜야 하고, 게다가 여러 사항을 전달할 때 이 전략을 활용하면 좋다. 가령, 전달할 사항이 세 가지가 있다면, 처음에 이렇게 말해보자. "함께 생각해봐야 할 문제가 세 가지 있습니다. 하나는…."

❽ **자질구레한 이야기를 하지 마라** | 가령, 지난 회의 이후 일어난 일들을 하나하나 읊어보라. 직원들은 따분해서 죽을 지경일 것이다. 그렇게 되면 논의가 지체된다. 전략을 성

공시킨 사례나 개선된 사항, 실행 가능성이 가장 높은 항목에 대한 말부터 먼저 꺼내라.

실천지침 2 _ 대화 상대방의 PMOC를 따르기

핵심 메시지를 앞세워 사람들의 관심을 사로잡는 두 번째 전략은 적절한 소통방식을 선택하는 것이다. 적절한 소통방식은 기계적 방식과 자기 나름의 방식을 모두 포괄하는 것이다. 먼저 기계적 방식에 대해 살펴보자.

누구나 스스로 선호하는 나름의 소통방법(PMOC: Preferred Method of Communication, 저마다 선호하는 의사소통 방법)을 가지고 있다. 당신은 누군가에게 말을 전할 때 주로 어떤 기계적 도구에 손을 대는가? 이를테면, 전화기에 손을 대는가? 아니면 키보드에 손을 대는가? 당신은 사람들과 의사소통을 할 때 늘 즐겨 사용하던 방법을 택할 것이다. 그것이 바로 당신의 PMOC이다.

요점을 말하면, 무심코 자신이 선호하는 소통방식을 선택하지 말고 대화 상대방이 선호하는 방식을 택해야 한다. 대화 상대방의 PMOC를 우선시해야 하는 이유는, 그가 당신의 의견에 반응하는 한, 당신의 이야기에 얼마나 빨리 호응할지 결정하기 때문이다. 대화 상대방의

PMOC를 선택할 때, 당신의 메시지로 좀 더 빨리, 좀 더 긍정적인 반응을 이끌어낼 확률이 높아진다. 지금부터는 사람들과 대화하기 전 사람들이 어떤 소통방식을 선호하는지 파악해보자. 이렇듯 적절한 소통방법을 찾아내는 것부터 시작하라.

영업사원으로 일하는 앤디(Andy)는 잠재고객이었던 래리(Larry)와 거래를 체결하기 위해 사전에 그와 열심히 접촉했다. 하지만 그런 노력에도 불구하고 래리를 경쟁사에 빼앗기고 말았다. 이유는 하나다. 래리의 PMOC를 파악하지 못했기 때문이다. 사실 앤디는 래리가 경쟁사와 거래할 예정임을 알았고, 계약 전에만 래리에게 연락하면 거래를 체결할 수 있으리라 생각했다. 그래서 신속히 래리에게 음성 메시지를 남겼다. 하지만 래리는 평소 음성 메시지 확인하는 일을 귀찮게 여기는 사람이었다. 그보다 래리는 이메일을 즐겨 사용하고 스마트폰으로 이메일을 수시로 확인했다. 래리는 앤디의 경쟁사와 거래를 체결하고 한참 뒤에나 앤디의 음성 메시지를 확인했다. 경쟁사의 영업사원은 어떤 방법으로 래리에게 접근했을까? 당연히 래리가 즐겨 사용하는 소통방법에 한발 앞서 접촉했다.

사례를 하나 더 들겠다. 얼마 전 입사면접을 본 셰론(Sharon)은 면접관에게 이메일로 감사편지를 보낸 일을 계기로 중요한 교훈을 얻었다. 부사장이었던 면접관은 셰론 대신 그녀와 자격 요건이 동등한 다른 지원자를 채용했다. 사실인즉, 채용된 지원자는 부사장에게 자필로 감사편지를 보낸 덕에 높은 점수를 땄다. 셰론은 부사장이 선호하는 방식을 파악하지 못한 탓에 일자리를 놓치고 말았다. 그녀가 면접을 보는 동안 부사장의 책상을 유심히 살펴봤다면, 그리고 부사장의 책상 위에 놓여 있던 자필 편지 뭉치들을 눈여겨봤다면, 사정이 달라졌을지 모른다.

대화 상대방의 PMOC는 이메일이나 음성메일에 국한되지 않을 것이다. 예컨대 아마존닷컴(Amazon.com)과 애플의 아이튠즈(Itunes)는 고객의 필요와 욕구를 귀신 같이 잘 파악한다. 두 사이트는 사람으로 치면 '당신의 현재에 머무르기' 전략의 달인이다. 두 사이트는 당신의 구매기록을 놓치지 않고 추적하여 당신이 선택했던 제품들을 참고하여 당신에게 필요할 만한 다른 상품들을 소개한다. 이렇게 고객들 개개인의 구매습관을 이용해 부가 매출을 대폭 상승시킨 것이다.

또한 PMOC의 개념은 사람들이 메시지를 수용하는 방식에 적용할 수 있다. 가령, 사람들은 가벼운 농담을 먼저 던지면서 이야기를 편하게 시작하는 것을 선호하기도 하며, 때에 따라 그 반대의 방식을 선호하기도 한다. 베스트셀러 《긍정의 힘(Your Best Life Now)》의 저자 조엘 오스틴(Joel Osteen)은 이야기를 가볍게 시작하는 측면에서 타의 추종을 불허한다. 조엘 오스틴이 담임 목사로 있는 텍사스 레이크우드 교회는 특정 정파에 속하지 않은 교회로 미국 최대 규모를 자랑한다. 오스틴 목사가 설교하는 날이면, 신도 3만 여 명이 그의 설교를 듣기 위해 휴스턴 로케츠(Houston Rockets) 프로농구 팀의 홈구장이었던 컴팩 센터(Compaq Center)로 모여든다. 그의 설교는 TV로 방영되며, 컴팩 센터는 그의 설교를 듣기 위해 몰려온 사람들로 매진 사례가 된다. 그는 어떤 식으로 설교를 시작할까? 그는 곧바로 농담을 하나 던진다. 천부적인 스토리텔러인 그는 영적 가르침을 전달하는 농담을 던져 신도들의 웃음을 유발한다. 비유하자면, 그의 농담은 입안을 상쾌하게 해주는 달콤한 과일 빙수와도 같다. 신도들은 그의 농담을 들으며 설교에 집중한다.

적절한 PMOC를 선택하는 법

대화 상대방이 주로 어떤 의사소통 방식을 사용하는지 파악하자. 즉, 상대방이 특정한 의사소통 방식을 얼마나 자주 활용하는지, 어떤 의사소통 방식에 얼마나 빨리 반응하는지 관찰하라는 말이다. 이를테면, 이메일로 연락할지, 전화로 연락할지를 상대방에게 직접 물어보는 것도 좋은 방법이다. 이렇게 얻은 정보를 기록해두었다가 다시 연락할 때 기본적인 의사소통 방식으로 활용하라.

❶ **선생 대 학생이 아니라 동료 대 동료의 입장에서 의견을 전달하라** | 선생이 학생을 다루듯하면 사람들이 등을 돌릴 것이다. 또한 위압적인 태도를 취하면 사람들은 거부감을 느끼고, 더 심각하게는 즉시 거절의 의사표시를 한다. 정말로 뭔가 질책할 일이 있을 때나 위압적인 태도가 허용된다. 가령, 지휘체계가 분명한 조직에서는 어느 정도 선생 대 학생의 태도로 질책할 수 있을 것이다.

❷ **개인적 소통방식의 범위를 확대하라** | 당신의 대화 스타일은 어떠한가? 대화 상대방의 말을 자주 가로막는 편인가? 강압적으로 캐묻는 편인가? 가르치듯 말하는 편인가? 아니면 이유를 잘 늘어놓는 편인가? 반드시 자신의 의사소통 방식을 인지하고, 다른 사람들의 의사소통 방식에 맞춰서 자신의 방식을 전환할 수 있어야 한다. 상황을 고려하지

않고서 늘 획일적인 방식을 적용하면 사람들이 떨어져 나갈 것이다.

❸ **머리가 아니라 마음을 향해라** | 상대방의 감정 상태를 잘 헤아려서 그들의 마음을 자극하라. 마음이 머리보다 먼저인 법이다. 감정에 호소하면서 상대방을 진지하게 대하라. 상대방은 관심의 끈을 유지한 채 당신의 메시지를 수용할 것이다.

❹ **실수를 두려워 말고 공감대를 형성하라** | 당신은 의사소통을 할 때 있는 그대로의 모습을 보여주는 편인가? 상대방이 듣기 좋은 말과 행동을 하는 편인가? 당연히, 당신은 사람들과 속마음을 공유하기를 바랄 것이다. 그렇다면 당신은 늘 진실한 태도를 보여야 한다. 말 실수를 하지 않을까 두려워 말고 공감대를 형성하기 위해 노력하자. 놀라운 변화가 일어날 것이다. 사람들이 당신에게 열광할 것이다. 그리고 당신의 말에 귀를 기울일 것이다.

❺ **당신이 무대의 주인공이다** | 글자가 빼곡한 슬라이드를 넘겨가며 큰 소리로 프레젠테이션하는 모습을 인내심 갖고 지켜본 적이 있는가? 정말로 끔찍했을 것이다. 당연한 결과다. 프레젠테이션 슬라이드를 너무 많은 내용으로 채우면 이런 일이 벌어질 수밖에 없다. 이런 프레젠테이션을 보는 관중은 당신에게서 등을 돌린다. 프레젠테이션 슬라

이드가 연기자의 대본이 아님을 깨닫자. 당신이 바로 프레젠테이션 무대의 주인공이다. 비유하자면, 프레젠테이션 무대에서 당신은 팝 스타 레이디 가가(Lady Gaga)이다. 당신이 주목받아야 한다.

실천지침 3 _ 방어적인 태도 버리기

화가 나 있거나 신경이 곤두서 있는 사람, 또는 거부감을 드러내는 사람과 대화할 때 핵심 메시지를 앞세우면 그의 방어적인 태도를 누그러뜨릴 수 있다. 때때로 우리는 정말로 상대하기 힘든 사람을 만나곤 한다. 되든 안 되든 일단 부딪쳐 보라. 아마도 한 번쯤은 무슨 말을 해도 대화가 통하지 않는 사람을 만나봤을 것이다. 그런 사람의 마음을 사로잡고 설득하는 것은 정말 어려운 일이다. 그런 사람은 아마도 당신의 말을 받아들이지 않고 왜곡하거나 당신의 말을 가로막는 등 부정적 태도로 일관할 것이다. 그런 사람이 거부감을 버리고 당신의 이야기를 경청한다면 그것처럼 기분 좋은 일도 없을 것이다.

대화 상대방의 방어적 태도를 누그러뜨려 큰 손실을 막아낸 사례를 소개한다. 그레그(Greg)가 이사로 일하는 회사에 얼마 전 회계 담당자들이 들어왔다. 마이크(Mike)

는 그들 중 한 사람이었다. 그런데 그레그는 마이크와 정반대의 성격이었다. 그레그는 관리자로서 매사에 신중하고 사려 깊게 행동했지만, 마이크는 남성적 이미지가 강한데다 활력이 넘쳤고, 늘 우렁찬 목소리로 말을 해서 동료들에게 방해가 될 정도였다. 또한 매사에 저지르고 보자는 식으로 행동하는 마이크는 언제, 어디로 튈 지 모르는 럭비공이었다. 그럼에도 마이크는 재능이 뛰어났다. 또한 맡은 일을 끝까지 처리하기 때문에 회사에 득이 되는 사람이었다. 하지만 마이크는 사무실에서 정숙해야 한다는 의견을 받아들이지 않고 계속 다른 직원들을 불편하게 만들었다. 그러다가 마이크는 입사한 지 6개월 만에 심사 평가를 받게 되었다. 이 자리에서 그레그는 마이크와 마주하게 되었다. 그레그는 마이크에게 어떻게 했을까? 마이크가 가치 있게 생각하는 것을 소재로 삼았다.

"마이크 씨, 심사 평가에서 살아남고 경력도 쌓을 기회를 가지면 어떨까요?"

그레그가 마이크에게 물었다. 마이크가 긍정적으로 받아들일 만한 내용이었다. 그레그는 계속 말했다.

"마이크 씨는 잠재력이 풍부한 사람입니다. 게다가 맡은 일을 끝까지 책임지는 뚝심도 있고 알찬 아이디어도 많이 내놓잖아요. 정말 본받을 만한 부분입니다."

그레그의 말이 마음이 편해진 마이크는 더 이상 방어적인 태도를 취하지 않았다. 이때 그레그는 이렇게 말했다.

"그런데 직장생활을 어렵게 만드는 습관이 있어요. 알고 있나요?"

마침내 그레그의 전략이 먹혀들었다. 주위 직원들의 요청에 무조건 귀를 막아버렸던 마이크의 태도가 누그러졌고, 그에 따라 그레그는 마이크의 내면 깊이 내재된 문제들을 파악했다. 마이크는 목소리를 크게 내고 독단적으로 행동함으로써 업계 경험이 부족한 자신의 단점을 가리려 했다고 고백했고, 자신의 행동 때문에 주위 동료들이 많은 피해를 입었다는 사실도 시인했다. 기분 좋은 이야기를 시작으로 핵심 메시지를 앞세움으로써 그레그는 마이크의 방어적인 태도를 누그러뜨렸다. 그 덕분에 마이크는 직장을 잃지 않고 회사에 잘 적응했고, 그레그는 앓던 이를 뺀 것처럼 속이 시원했다.

마이크와 같은 태도를 취한 경험이 있는지 되돌아보자. 예컨대 당신은 고객상담센터에 전화를 반복해 걸어도 상담원과 연결되지 않는 경험을 많이 겪어봤을 것이다. 악에 받쳐 전화를 계속 하면, 전화기 너머로 회사가 고객을 무척 소중히 생각한다는 아부성 멘트와 함께 사람을 따분하게 만드는 음악만 들려온다. 그렇게 한 시간이 지난 후에 마침내 상담사와 연결이 된다.

"고객상담센터입니다. 상담사 ~입니다."

이때 당신은 상담사의 말에 불쑥 끼어들어 공격을 시작한다. 당신이 얼마나 오래 기다렸는지 불평을 늘어놓고 나서야 제품에 어떤 문제가 있는지 말을 한다.

그런데 거꾸로 당신이 고객의 불평을 끝까지 들어줘야 하는 자리에 앉아 있다면, 어떻게 대처할 것인가? 설사 당신이 고객의 전화를 오랫동안 대기 상태로 해놓았다가 스스로 비난을 자초한 경우라도 마찬가지다. 미국 최대 무선회사 버라이즌 와이어리스(Verizon Wireless)는 이런 고객의 거부감을 완화하는 방법을 찾았는데, 고객이 억눌린 화를 분출할 때까지 기다린 후,

"고객님께 반드시 힘이 되어 드리겠습니다"라는 말을 들려줌으로써 문제를 해결했다. 와이어리스는 이렇게 확신 있는 한마디를 들려줌으로써 화가 난 고객들을 진정시키고, 고객 신뢰도를 높였다. 물론, 유독 소통하기 어려운 사람들만 이 같은 거부반응을 보이는 것은 아니다. 평소 말이 잘 통하는 사람들에게 부득이하게 나쁜 소식을 전하고 그들의 거부감을 완화해야 하는 경우도 있다. 만약 당신이 누군가에게 달갑지 않은 소식을 전하는 경우,

어떻게 상대방의 거부감을 누그러뜨리고 그들이 당신의 이야기에 귀를 기울이게끔 유도하겠는가?

꽂히는 말로
매료시켜라
TIPS 8

거부감을 호감으로 전환하는 법

❶ **적대감을 불러일으키지 말고 요점을 분명히 하라** | 대화를 잘 이끌어가려면 인간적인 부분과 결과적인 부분 모두에 중점을 두어야 한다. 골치 아픈 문제를 말할 때도 두 부분을 함께 고려해야 한다. 결과만 가지고 따지다가 사람들의 감정에 상처를 입혀서는 안 된다. 결과만 가지고 따지려 들면 사람들은 방어적인 태도를 취할 것이다. 다시 말해, 사람들은 스스로를 방어하기 위한 변명에 급급한 나머지 당신의 말을 듣지 않을 것이다.

❷ **존중을 나타내어 적대감을 완화해라** | 굉장히 화가 나 있거나 적개심을 보이는 사람에게는 "무슨 말씀인지 잘 알겠습니다"라든가 "충분히 그렇게 생각하실 수 있다고 봅니다" 같은 우호적인 표현을 사용하여 대화의 물꼬를 터야 한다. 그렇게 하면 상대는 당신에 대한 거부감을 낮출 것이다. 당신이 '한번 해보자'는 식의 말을 던질 때와는 전혀 다른 결과가 나올 것이다.

❸ **긍정이 이기는 법이다. 긍정 에너지를 내뿜어라** | 상대하기 힘든 상대와 함께 하더라도 호감을 보이고 열정의 에너지

를 내뿜어라. 힘이 빠져 보이는 모습을 보이지 말고 긍정적인 태도를 유지하라. 되도록 상대방의 의견을 경청하고 적극적으로 관심을 보여주며 긍정적인 자세를 유지하라.

❹ **미소를 유지하라** | 순수하게 미소 짓는 사람에게는 화를 내기 어려운 법이다. 억지웃음을 짓지 말고 자연스럽게 미소를 지어라.

❺ **자신의 말투에 신경 써라** | 자기도 모르게 거만한 인상을 풍기지 않는지 되돌아보라. 말끝마다 잘난 체하는 사람과 기분 좋게 대화할 사람은 없다. 사람들은 그런 당신에게 반감을 가지고 당신의 의견을 수용하지 않을 것이다. 골치 아픈 문제를 다루는 경우 결단력 있게 말하되 친근한 태도로 대하라.

❻ **자신의 심리상태를 헤아려라** | 나쁜 소식을 전하기 전, 자신의 속마음을 먼저 살펴보라. 분노를 느끼고 있지는 않은가? 또는 배신감을 느끼고 있지는 않은가? 만약 그렇다면, 흥분하지 않도록 마음을 가라앉혀라. 자신의 심리상태로 인해 다른 사람이 거부감을 갖도록 해선 안 된다.

❼ **잘난 체하는 얼간이가 되지 마라** | 지나치게 확신에 찬 나머지 거만한 인상을 풍기지 않도록 세심하게 신경 써라. 늘 친근한 태도로 호감을 얻기 위해 애써라.

❽ **선택권을 넘겨라** | 상대하기 힘든 사람에게는 의견을 먼저

제시하지 마라. 자신이 대화를 주도하지 못한다고 생각해 반사적으로 거부감을 드러내는 사람들도 있기 때문이다. 이런 유형의 사람들에게는 선택권을 주고, 그들이 편한 대로 하라고 말한다.

❾ **주인공처럼 대우해라** | 다른 사람이 관심의 중심에 있는 것을 용납하지 못하고 말을 삐딱하게 하는 사람들을 본 적이 있을 것이다. 이런 사람들은 왕처럼 대우받기를 원한다. 이처럼 자아도취에 빠진 사람들의 마음을 사로잡으려면, 이들을 주인공처럼 대우해주면 된다. 이들은 자신들이 좋은 대우를 받는다고 생각하는 순간 귀를 활짝 열고 당신에 대한 벽을 무너뜨릴 것이다.

❿ **공을 돌려라** | 아무리 좋은 아이디어라 해도 스스로 구상한 것이 아니면 시큰둥한 반응을 보이는 사람들이 있다. 이런 사람들이 공적을 차지하도록 넉넉히 배려하라.

속마음을 적당히 드러내라
'골디락스 캔도' 이해하기

04

골디락스(Goldilocks)는 황금색 머릿결이라는 의미로, 영국의 전래동화《골디락스와 세 마리 곰》의 주인공인 금발소녀의 이름에서 유래했다. 길 잃은 골디락스가 우연히 곰 가족의 집에 들어갔는데, 곰들은 집을 나가고 없었다. 골디락스는 마침 식탁 위에 놓여 있는 뜨거운 스프, 차가운 스프, 적당한 온도의 스프를 차례대로 맛본 후 세 가지 스프 중 차지도 뜨겁지도 않은 아기 곰의 스프를 먹어 치운다. 오늘날의 경제상황을 '골디락스'라는 말에 비유할 때가 많은데, 경제가 적당한 온도의 스프처럼 성장해도 물가가 상승하지 않는 안정된 경제 상황을 말한다. 여기서 '골디락스 캔도(Goldilocks Candor)'는 적정한 수준의 솔직함을 뜻한다.

'골디락스'란 말을 어디선가 들어보지 않았는가? 이렇게 상상해보자. 당신은 웃긴 말로 '미스 건방진' 그리고 '미스터 무례한'과 함께 회의에 참석했다. 두 사람이 엎치락뒤치락하면서 회의는 어느 새 막말과 비난, 비열한 술책이 오가는 싸움터로 변질되었다. 두 사람이 소리를 지르며 치고받는 모습이 참으로 가관이다. 두 싸움꾼은 당신을 싸움에 끌어들인다. 이런 경우에 당신은 얼간이 천치 짓을 하는 두 사람에게 당신의 감정을 숨김없이 드러내겠는가? 아니면 사실을 조금 미화해서 말하겠는가? 이도저도 아니라면 이제 다른 회의 참석자들의 이야기를 들어야 한다고 차분하면서 단호하게 말하겠는가?

사례를 하나 더 들어보자. 당신의 회사에 재능이 뛰어나지만 잘난 체하고 남을 우습게 보는 동료가 하나 있다. 그는 동료들로부터 차갑고 건방지며, 융통성 없다는 평판을 듣고 있다. 당신은 그에 대한 평판을 있는 그대로 그에게 알려주겠는가? 또는 아무런 말도 하지 않겠는가? 또는 남몰래 그를 불러 그의 태도가 조직생활을 하는 데 도움이 안 된다고 얘기하고 그가 이미지를 바꾸도록 조언해주겠는가?

　사례를 하나 더 들어보자. 금요일 늦은 오후 회의실, 당신의 프로젝트 팀이 주간 회의를 하기 위해 모여들었다. 그런데 회의 중 동료 하나가 당신의 아이디어가 설득력이 부족하다고 말한다. 이때 여러 업무를 떠맡은 당신은 우울해져서 회의를 빨리 끝내고 당신의 일을 처리하고 싶은 마음이 굴뚝같다. 당신은 평가자 행세를 하는 동료의 의견을 조목조목 반박하겠는가? 아니면 하고 싶은 말을 꾹 참고 회의가 빨리 끝나기만을 기다리겠는가? 그렇지 않으면 회의를 마친 후 따로 만나서 이야기를 나누자고 동료에게 제안하겠는가?

　속마음을 적당히 드러낼 때 상대방의 관심을 유지할 수 있다. 사람들의 관심을 자극하고 유지하려면 모든 것을 곧이곧대로 말해선 안 된다. 반드시 적절한 수준에서 사실을 전달해야 사람들의 귀를 사로잡을 수 있다. 사람들의 관심을 사로잡지 못하면, 당신의 의견을 제대로 전달하지 못할뿐더러 그들을 설득할 수도 없다.

　당신의 마음을 너무 숨겨도 사람들은 거부감을 드러내거나 마음에 상처를 입는다. 아마도 입을 다물거나 일을 제대로 처리하지 않을 것이다. 이렇게 되면 사람들의 마음을 사로잡지 못하며, 사람들을 설득하지도 행동을 이끌어내지도 못한다. 누군가가 당신 앞에서 마음의 문을 꼭꼭 닫은 적이 있는가? 누군가의 언어 공격을 받고 힘이 빠진 적이 있는가? 또는 누군가의 사탕발림에 넘어간 적이 있는가? 자기 일 처리하기도 바쁜 오늘날, 서로 속마음을 털어놓는 관계를 맺기가 정말로 어려워졌다. 오히려 아래와 같은 유형이 흔한 일이다.

❶ 직원들에게 불분명하게 가혹한 평가를 내린다.
❷ 갈등을 피하거나 호감을 얻고자 사탕발림을 한다.
❸ 앞에서는 좋은 척하고 뒤에서는 험담을 늘어놓는 이중적인 모습을 보인다.

사람들은 이메일, 휴대전화, 문자 메시지, 블로그, 트위터, 페이스북 등등 수많은 커뮤니케이션 도구들을 활용하여 서로의 속마음을 읽고 관계를 유지한다. 당신은 속마음을 재치 있게 드러내는가? 만약 이를 잘 실천하고 있다면 다음과 같이 놀라운 일들이 벌어진다.

- 사람들이 망설이지 않고 솔직하게 자신들의 생각을 털어놓는다.

- 사람들이 본전 생각을 하지 않는다. 또는 결과를 두려워하지 않고 자신들의 생각을 공유한다.
- 사람들이 무시당하거나 의견이 묵살당한다고 생각하지 않는다.
- 당신이 겉으로만 사람들의 의견을 받아들여도 사람들에게 나쁜 인상은 남기지 않는다.
- 사람들이 마음을 열고 정중하게 여러 사람의 의견을 듣고 여러 선택 사항을 따져본다.

속마음을 적당히 드러내는 법을 확실히 이해하기 위해 '골디락스'의 의미를 다시 떠올려보자.

속마음을 적당히 드러낸다는 것은 어떤 태도를 말할까? 그런 태도를 '골디락스 테스트'라고 생각해보자. 《골디락스와 세 마리 곰》에서 골디락스가 '뜨거운 스프', '차가운 스프', '적당한 스프' 중 '적당한 스프'를 선택했듯이 몇 차례 테스트를 거친 뒤 너무 노골적이지도 너무 소극적이지도 않은 적당한 수준을 찾는 것이다.

속마음을 현명하게 드러내면 놀라운 일이 벌어지는데, 사람들이 진정성을 느껴서 당신에게 관심을 집중하

'골디락스 캔도' – 속마음을 적당히 드러내는 법

고 계속해서 당신의 말을 경청한다. 이런 전략은 특히 기업 조직에서 성과를 높이는 데 활용한다. 이 전략을 현명하게 활용하는 경우 조직 구성원들이 조직에 더욱 헌신하게 되고 생산성이 높이지며 올바른 조직 문화가 만들어진다.

솔직한 조직 문화 속에서 성과가 나타난다

이 전략을 잘 구사하지 못하는 조직은 값비싼 비용을 치르며, 때로는 파괴적인 결과를 초래하고 만다. 이와 관련된 좋은 사례로, 2003년 NASA에서 아랫사람의 의견과 걱정을 무시하고, 게다가 솔직한 조직 풍토를 억제한 탓에 벌어진 하나의 사건이 있다.

2003년 2월, 우주선 콜롬비아호는 임무를 마치고 대기권에 진입하고 나서 산산조각이 났다. 여기에 타고 있던 7명의 승무원은 모두 사망했다. 당시 담당 엔지니어들은 연료탱크 단열제의 문제점을 지적하려 했다. 큰 재앙이 일어날 수도 있음을 경고하려고 애썼지만, 고위간부들은 엔지니어들의 우려를 묵살했다. 밝혀진 사실대로, 연료탱크에서 900그램의 작은 단열제 조각이 떨어져 나가 콜롬비아호의 주 날개 세라믹 내열타일에 손상을 입힌 것이 재앙의 원인이었다. 이후 NASA의 조직 문화는 변화되었을까? 아직 아니다. NASA가 솔직한 조직 문화를 형성하는 데 넘어야 할 산이 하나 더 있었다. 승무원들의 음주 문제도 그중 하나였다. 2007년 한 의료 담당자가 승무원들이 술에 취한 채 우주선에 오른 사실을 두 차례나 폭로했다. 항공우주 의사들과 다른 우주비행사들도 일부 승무원들이 비행하기 전에 술을 심하게 마신다며 위험을 미리 알렸지만, 고위간부들은 그들의 경고를 묵살해버렸다. 고위간부들에게 위험을 경고한 의사들은 의욕이 떨어져서 앞으로 그런 보고를 하지 않을 것 같다고 털어놨다.

NASA의 고위간부들은 왜 아랫사람들의 경고를 무시했을까? 이유는 단순했다. 우주선 발사 일정을 지켜야 한다는 압박에 시달렸고 그래서 달갑지 않은 소식에 귀를 막은 것이다. 다시 말해, 우주선 발사 일정을 연기하면 재정적으로나 정치적으로 비용을 치러야 하기 때문에 그와 관련된 소식에 귀를 기울일 수 없었던 것이다. 여러 가지 사건 이후 NASA는 모든 조직 구성원들이 마음 편히 의견을 내놓을 수 있도록 소통의 장벽들을 단계적으로 제거하고 있다. 그리고 누구나 자유롭게 의견을 올릴 수 있는, 솔직한 조직 문화를 만들고자 노력 중이다.

당신의 조직에서 솔직한 소통 문화를 저해하는 요인은

무엇일까? 당신의 조직에 솔직한 소통 문화를 조성해보라. 조직이 몰라보게 바뀔 것이다. 지금부터 속마음을 감추게 만드는 주요 요인 세 가지와 그것들을 극복하기 위한 실천지침을 소개한다.

실천지침 1_ 의욕을 꺾지 않기

'골디락스 캔도'를 실현하기 위해, 즉 속마음을 적당히 드러내기 위해 다음의 방법들을 실천해보자.

❶ **반감을 드러내지 말고 해법을 제안하라** | 평가를 할 때는 아주 명확하게 해야 한다. 상대방 위에 서거나 유능해 보이려고 하지 말고 해법을 제시하는 데 중점을 둔다. 또한 나무라거나 윽박지르지 말고 개선해야 할 부분들을 많이 얘기한다.

❷ **꼬투리 잘 잡는 사람이 되지 마라** | 감정에 이끌려 다른 사람의 흠을 잡거나 비난해봤자 자신의 이미지를 떨어뜨릴 뿐이다. 또한 대화 상대방을 지나치게 비난하면, 서로 불신하게 되고 남 욕하기 좋아하는 사람으로 낙인찍힌다. 꼬투리를 잡고 싶은 생각이 들어도 눌러 참아라.

❸ **다른 의견을 관대하게 수용하라** | 사람들 앞에서 자신의 주장만 고집하거나 불도저처럼 밀어붙이는 인상을 주지는 않았는가? 이런 태도를 취하면 사람들이 떨어져 나간다.

상대방에게 자신의 생각을 강요하지 마라. 상대방이 마음을 열고 의견을 자유롭게 밝히도록 독려하라. 그리고 그들의 의견을 열린 마음으로 수용해라. 사람들이 계속 기여할 것이다.

❹ **자신의 생각을 말하고 그에 대한 의견에 귀를 기울여라** | 당신의 의견을 진지하게 밝힌 다음 그에 대한 사람들의 의견을 경청하라. 단, 열린 마음으로 의견을 주고받아야 한다. 서로 비난하며 상대방의 감정을 건드리지 마라. 자신의 이미지를 떨어뜨리면 안 된다.

❺ **말하기 전에 먼저 생각하라** | 생각나는 대로 말을 내뱉거나 다른 누군가에게 상처주는 농담을 하지 않도록 조심해야 한다. 누군가를 공격하거나 상처를 주는 말은 아닌지 말하기 전에 생각해보자. 자신의 말 실수로 대화 상대방이 침묵하게 만들지 마라.

❻ **차분하게 이야기하라** | 자신의 의견을 전달할 때 자신만의 독무대에 오른 듯 떠들어대는 사람을 본 적이 있는가? 그런 유형의 사람은 대개 목에 핏대를 세우고 말하지 않는가? 사람들의 귀에 거슬리지 않도록 목소리를 낮춰라. 자신을 과시하기 위해 지나치게 저돌적인 어조로 말하지 마라.

❼ **밝은 어조로 이야기하라** | 이런 태도를 보고 사람들은 당신

의 의도가 좋은지 나쁜지 구분한다. 당신이 거만하고 잘난 체하는 어조로 말한다면, 사람들은 불쾌감을 느끼면서 당신의 의견을 묵살하고 말 것이다. 확신에 차되 친근한 목소리로 이야기하라. 사실을 있는 그대로 말하되 사람들의 귀를 거슬리게 하지 마라.

❽ **감정을 폭발하지 마라** | 당신은 평소 흥분할 때 큰 소리를 치는가? 또는 감정이 쉽게 폭발하는 편인가? 이런 감정을 분출해서 얻을 건 하나도 없다. 냉정을 잃지 마라. 감정에 쉽게 휩쓸리면 당신 편에 있는 동료들을 모두 밀어내게 된다. 늘 차분한 태도를 견지한다면 동료들이 당신의 말에 귀를 기울일 것이다.

❾ **감정이 묻은 글을 쓰지 마라** | 도무지 화를 참기 어려워도, 또는 본래 당신의 성격이 급한 편이라 해도, 사람들에게 성급하게 이메일을 보내지 마라. 냉정을 유지하면서 이메일 내용을 여러 번 살펴보라. 특히 여러 사람들에게 이메일을 보내는 경우라면 얼마나 많은 사람들이 당신의 글을 읽을지 생각해보라. 오늘날은 그 어느 때보다 글이 중요한 시대가 되었다.

실천지침 2 _ 사실을 부풀리거나 미화하지 않기

사람들이 혹 당신의 생각에 반대할까봐 애써 속마음을

숨기지는 않는가? 아니면 달갑지 않은 사실을 숨기려 하지는 않는가? 우리는 불안정하거나 골치 아픈 상황에 놓이면 편하게 대화를 나누기 위해 사실을 미화하는 경우가 많다. 대개는 불편한 대화를 이어가기가 싫어서 속마음을 숨긴다.

당신의 조직에서 골치 아픈 문제를 숨기고 사람들에게 사탕발림을 해봤자 조직에 해만 입히고 당신의 상황만 어렵게 만들 뿐이다. 사실을 숨기면 성과가 지연될 뿐이며, 사람들이 진실을 알았을 때보다 상황이 더욱 어려워진다. 문제에 직접 맞서 해법을 모색해나갈 때 문제가 빨리 해결된다.

사탕발림을 하지 않는 방법

꽂히는 말로
매료시켜라
TIPS 9

사실을 미화하는 이유를 생각해보기 바란다. 당신은 사람들의 비위를 맞추기 위해 애쓰는 성격인가? 또는 평소 사람들에게 잘 보이기 위해 노력하는가? 자신이 어떤 마음으로 사람들에게 사탕발림을 하고 있는지 생각하라. 문제를 해결하려면 먼저 원인부터 파악해야 하는 법이다.

❶ **질문을 이용해서 속마음을 얘기하겠다는 의사를 내비쳐라**
 "~들어본 적이 있나요?"와 같은 식으로 물어보면서 대화를 시작하라.

❷ 나중에 실망하지 않게 하라 | 당신이 잘못된 정보를 전달하면, 상대방은 나중에 사실을 확인하고 낙담할 수도 있다. 썩 듣기 좋은 소식이 아니더라도, 상대방에게 정확한 정보를 제공함으로써 그가 올바른 판단을 내리도록 도와야 한다.

❸ 자기 위주로 생각하지 마라 | 다른 사람의 감정을 헤아리려는 의도로 그런 것이겠지만, 사탕발림은 또한 자기 위주의 생각에서 비롯된다. 듣기 좋은 소리만 하는 것은 실속을 못 차리는 일이다.

❹ '예스맨'이 되지 마라 | 기업의 고위임원들 주위에는 늘 '예스맨'들이 진을 치고 있다. 그들은 골치 아픈 이야기는 쏙 빼놓고 듣기 좋은 말만 상사에게 전달한다. 이렇게 하면 문제가 생겨도, 일이 술술 풀리고 있다는 잘못된 확신을 줄 수 있다. 언제나 있는 그대로 사실을 말하는 용기 있는 사람이 되어라.

실천지침 3 _ 솔직한 소통 문화 만들기

서로 흠을 잡기 바쁘고 문제를 숨기기 급급한 풍토가 조직에 만연한 상황에서 당신이라면 생각을 자유로이 표현하는 문화를 어떻게 조성하겠는가? 그것은 무엇보다도 리더십에 달려 있다. 관리자는 속마음을 융통성 있게 표현하고, 팀의 성과를 높이기 위해 아이디어를 창출하는 직원들에게 적절히 보상할 줄 알아야 한다. 먼저 팀 내에서 시작해보자. 직원들이 의견을 자유로이 표현하기 시작할 것이다.

솔직한 소통 문화를 만드는 방법

꽃히는 말로
매로시켜라
TIPS 10

❶ **생각을 자유로이 밝히도록 독려하라** | 조직 구성원들에게 생각을 숨김없이 밝혀야 하는 이유와 그 중요성을 설명한다. 이를테면, 각자가 의견을 자유로이 말해야 회의가 활발해지고 아이디어가 넘치며, 그렇게 하는 것이 조직에 이득이 된다는 점을 모든 직원들에게 말한다.

❷ **관리자로서 본보기를 보여라** | 관리자의 솔직하고 사려 깊은 태도는 조직 전반에 전염되어 기대와 성과 수준을 높인다.

❸ **아이디어에 대해 보상하라** | 자기의 의견을 과감히 밝히는 직원들을 공개적으로 칭찬하라. 직원들의 아이디어가 좋은 결과로 이어진 사례를 모든 조직원에게 알리고, 자기의 생각을 솔직하게 밝히는 태도를 높이 평가하라.

❹ **실수를 인정하라** | 실수하지 않는 완벽한 사람인 척하지 마라. 실수에서 배우고, 그 경험을 자신의 것으로 만들고, 그것을 교훈으로 삼아 발전하면 된다. 직원들에게 이런

자세를 갖추어 달라고 독려하라.

❺ **최고의 해법에 도달하라** | 서로가 자유롭게 생각을 교환하는 이유는 자기의 힘을 과시하고 공격을 퍼붓기 위해서가 아니다. 가장 좋은 해법을 찾기 위해서다. 최고의 해법을 찾아서 문제 해결의 열쇠로 활용하라.

❻ **트집 잡는 말을 하지 마라** | "당신은 절대로 안 돼", "늘 그렇지"처럼 시비조의 표현을 쓰지 마라. 이런 말을 듣는 대화 상대방은 금세 방어적인 태도를 취하고 자신을 변호하기에 급급하여 귀를 닫아버리게 마련이다.

❼ **조용한 직원들에게 의견을 물어라** | 침묵을 지키는 직원들을 대화의 장으로 끌어내라. 그들과 함께 문제를 고민하면서 그들에게 의견을 묻고 도움을 구해라.

❽ **자신이 신봉하는 가치를 실현하라** | 당신이 가장 신봉하는 가치들 중에는 '진실'과 '존중'도 포함되어 있는가? 직원들과 의사소통을 할 때 두 가지 가치를 실현하라. 조직에서는 그 결과가 생산성으로 나타날 것이다.

❾ **지적할 건 지적하라** | 상처주는 말, 사실을 미화하고 은폐하는 모습을 과감히 지적해야 한다. 그렇게 하지 않는다면, 그런 태도를 반복하도록 허용하는 것이나 다름이 없다.

사실을 있는 그대로 말하는 태도와 사기를 저하시키는

태도는 분명히 다르다. 비판이 지나치면, 당사자는 기운이 빠져서 당신을 다시 상대하고픈 마음을 싹 잊게 된다. 이어서 실수를 두려워하는 마음이 생기고, 이로 인해 위대한 아이디어가 묻히고 만다. 이런 결과를 보고 자신의 생각을 제대로 밝혔다고 볼 수 없다. 정신적 상처만 남기는 악랄한 비난을 퍼붓지 말고 관대한 마음으로 의견을 주고받아라. 자유롭게 소통하는 조직 문화 속에서 직원들은 서로 관계를 유지하고 업무에 적극적으로 참여하며, 결과적으로 사업성과가 빠른 속도로 올라간다.

여러분은 당신에게 솔직하면서도 시기적절하게 피드백을 제공하는 직원을 필요로 할 것이다. 직원들 또한 그런 관리자를 필요로 한다. 건설적인 피드백으로 인해 직원들의 사기가 저하되는 일은 없다. 오히려 직원들이 힘을 얻는다. 다수의 부하직원을 거느린 관리자라면 연간 성과평가에서 온갖 문제를 지적당하는 지경에 이를 때까지 기다리지 마라. 사람들은 대개 평가를 받을 때 방어적인 태도를 취하고 지적받는 것을 달가워하지 않는다. 직원들과 열린 마음으로 소통하지 않고 하루하루를 보낸다면, 연말 또는 연간 성과평가에서 의외의 나쁜 결과에 놀라게 되고, 직원들은 자신들이 공격받는다고 느낄 것이다. 결국 상사와 직원들 간의 신뢰도 무너지고 만다. 이런 측면에서 직원들이 기대 이하의 모습을 보이고 있다면, 더 늦기 전에 그들과 진지하게 대화를 나누어보자. 같은 목표를 향해 함께 일하고 있다고 느끼는 순간, 직원들은 당신에 대한 신뢰를 되살리고 자신감을 얻을 것이다.

마지막으로 비판을 긍정적으로 수용하는 법에 대하여 살펴보도록 하겠다. 비판과 지적을 수용한다는 건 무척 어려운 일이다. 그렇지 않은가? 예컨대 TV 오디션 프로그램에서 탁월한 실력을 과시하는 참가자들이 심사위원의 독설에 반응하는 모습을 생각해보라.

참고로 당신을 향한 비판에 대응하는 몇 가지 실천원칙을 제시한다.

● **자세한 설명을 요청하라**

상대방의 비판을 주의 깊게 듣고 자세히 설명해달라고 요청하라. 그 이유는 상대방의 생각을 자세히 알아보기 위함이다.

● **방어적인 태도를 자제하라**

비판에 방어적인 태도를 취하면 어떻게 될까? 당신을 비판한 사람들은 앞으로 더 많은 문제를 지적하고 더욱 호되게 당신을 평가할 것이다.

● **마음을 읽으면서 들어라**

사람들은 어떤 마음으로 당신을 비판할까? 정말로 당신이 잘 되기를 바라는 것일까? 아니면 단지 우월감을 느끼고 싶은 것일까? 후자라 해도 정중히 감사의 표시를 하라.

● **비판을 교훈으로 삼아라**

TV 오디션 프로그램을 보면 참가자들이 심사위원들의 비판 중에서 새겨들어야 할 내용이 분명히 있으며 큰 도움이 되었다고들 말한다. 한 걸음 물러나 사람들의 비판을 곱씹어보라. 다른 사람들의 평가를 당신의 태도와 행동에 반영하라.

Part 1에서 소개한 10가지 불통의 자세와 실천지침

평소 자신이 말하는 모습이 아래 제시한 10가지와 얼마나 닮아 있는지 점검해보기 바란다. 그리고 실천지침을 통해 그와 같은 부정적인 모습에서 벗어나보자.

❶ 사람들이 내 말을 귀담아 듣지 않고 생각에도 관심을 보이지 않으며, 전화나 이메일에 대한 답변도 잘 하지 않는다.
  | 실천지침 | 공감대를 형성하라

❷ 진득하지 못하고 주의력이 쉽게 분산된다. 또는 사람들과 대화하면서 여러 가지 일을 처리할 때가 많다.
  | 실천지침 | 대화 상대방의 현재에 머물라

❸ 상대방의 말을 경청하지 않고 자주 가로막으며 자기 위주의 대화를 한다. 또는 대개 내게 중요한 사항들을 가지고 대화를 시작한다.
  | 실천지침 | 의도를 파악하면서 듣자

❹ 사람들이 날 어떻게 생각할까? 하는 생각에 사로잡힌다.
  | 실천지침 | 코드레드 상황 파악하라

❺ 종종 두서없이 말하거나 본론으로 들어가지 못하고 말을 질질 끈다. 말을 따분하고 지루하게 한다는 소리를 들은 적이 있다.
  | 실천지침 | 전체 그림을 제시하라

❻ 무심코 나만의 대화방식으로 사람들과 대화하는 일이 많다.
  | 실천지침 | 대화 상대방의 PMOC를 따르라

❼ 상대방이 말하고자 하는 숨은 뜻을 잘 이해하지 못한다.
  | 실천지침 | 방어적인 태도 버려라

❽ 대화 상대방을 공개적으로 평가하거나 비판할 때가 많다.
  | 실천지침 | 의욕을 꺾지 마라

❾ 사탕발림을 하거나 난처한 질문을 회피한다. 또는 갈등이나 비난을 모면하려고 머뭇거린다.
  | 실천지침 | 사실을 부풀리거나 미화하지 마라

❿ 사람들이 나와 솔직하고 시의 적절한 의견을 나누지 않는다.
  | 실천지침 | 솔직한 소통 문화 만들라

체 | 크 | 리 | 스 | 트 ❶

소통의 달인이 되기 위한 첫 번째 미션!
사람들과 연결되기

연결되면 시선이 유지된다

바쁘게 돌아가는 오늘날, 사람들은 자신들이 필요로 하고 원하는 것에 관심을 가지며, 그렇지 않으면 금세 귀를 막고 시선을 돌리고 만다. 따라서 사람들의 마음을 사로잡고 관심을 유지하려면 그들이 관심을 가질 만한 소재를 먼저 제시하면서 의사소통을 시작해야 한다. 소통의 달인이 되는 세 가지 습관 중 첫 번째로 사람들의 마음을 사로잡는 습관을 익힌 토대 위에서 나머지 두 가지 습관도 기를 수 있다. 먼저 사람들의 마음을 사로잡아라. 그래야 자신의 의견을 전달하고 사람들을 설득할 수 있는 법이다.

● **의사소통 습관 1** ●
"대화 상대방의 현재에 머물러라!"

'대화 상대방의 현재에 머문다'는 말은 대화 상대방이 필요로 하고 중요시하는 것을 활용한다는 의미다. 당신은 이 전략을 얼마나 잘 활용하는가? 대화 상대방의 현재에 집중하면서 그의 필요와 가치를 잘 파악하는가? 대화 상대방에게 집중하고 그의 이야기를 경청하며 의견 차이를 잘 좁히는가? 혹시 당신은 자신만의 세계에 갇혀서 위험 신호를 알아채지 못하는 건 아닌가?

- **실행해야 할 일**

  | 실천지침 1 | 지금 바로 그 자리에서~
  | 실천지침 2 | 의도를 파악하면서 듣는다.
  | 실천지침 3 | '코드레드' 상황을 막는다.
  | 기타 | _____

- **고쳐야 할 습관들**

  _____
  _____
  _____

● 의사소통 습관 2 ●

"핵심 메시지를 앞세워라!"

두서없는 말로 분위기를 망치지 않으려면 핵심 메시지를 앞세워라. 먼저 대화 상대방과 관련된 소재를 재빨리 파악한 후 그가 가장 중요하게 생각하는 것에 대한 이야기부터 시작하라. 그러면 상대방이 당신에게 시선을 집중하고 자신에게 무엇이 중요한지 즉각 인지하면서 당신을 향한 관심을 유지할 것이다.

- **실행해야 할 일**

  | 실천지침 1 | 전체 그림을 제시하라.
  | 실천지침 2 | 대화 상대방의 PMOC를 따르라.
  | 실천지침 3 | 방어적인 태도를 버려라.
  | 기타 | _____

■ 고쳐야 할 습관들

_____
_____
_____

● 의사소통 습관 3 ●

"골디락스 캔도를 기억하라!"

의사소통을 할 때는 적당한 수준에서 속마음을 드러내야 한다. 조직에서는 속마음을 적당히 드러낼 줄 아는 관리자가 직원들의 성과와 기여도를 이끌어낸다. 이른바 '골디락스' 캔도는 너무 노골적이지도 너무 소극적이지도 않은 적당한 수준의 솔직함을 의미한다. 이를 잘 활용하라.

■ 실행해야 할 일

|실천지침 1| 의욕을 꺾지 마라.
|실천지침 2| 사실을 미화하지 마라.
|실천지침 3| 솔직한 소통 문화를 조성하라.
|기타| _____

■ 고쳐야 할 습관들

_____
_____
_____

- 나의 의사소통 방식 중 장점을 무엇이고 단점은 무엇인지 적어보자.
  | 장점 | _____
  | 단점 | _____

- 내가 ~와 같은 모습을 보일 때 사람들은 내게서 관심을 돌린다.
  _____
  _____
  _____

- 무엇이 문제라고 생각하는가?
  _____
  _____
  _____

두 번째 미션은 무엇일까?
사람들과 연결되어 그들의 관심을 유지시키는 데 성공했다면, 이제 사람들에게 핵심 메시지를 전달하는 단계로 넘어가자.

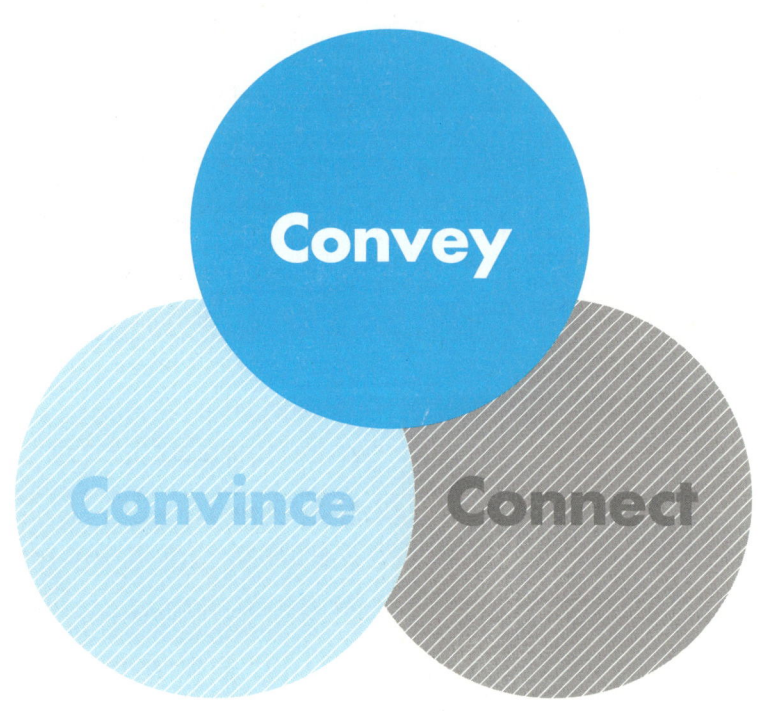

Convey
정보를 '정량 조절' 하여 명쾌한 메시지를 전달하라.
시간은 언제나 부족하고 정보는 차고 넘친다.
핵심부터 치고 들어가라!
가치가 없는 이야기나 정보라면 사람들은 외면한다.
지금은 핵심만이 살아남는 시대다.

PART 2

꽂히는 말 두 번째 미션!
핵심 메시지 전달하기

05 정보를 관리하여 핵심을 찔러라
정보의 관리가 중요하다

앞에서 소개한 내용들을 잘 숙지하고 있다면, 사람들의 마음을 사로잡는 단계까지 잘 도달하고 있는 셈이다. 문제는 다음 단계다. 사람들과 연결되는 일에 어느 정도 성공했다면 이제부터는 본격적으로 자신의 메시지를 전달해야 한다. 하지만 더 나아가지 못하고 사람들의 관심을 잃고 있다면, 왜 그런지 이유를 고민해봐야 한다. 혹 정보를 장황하게 늘어놓는 모습 때문에 사람들이 시큰둥한 반응을 보이는 건 아닐까? 정보를 잘 전달하는 기술이야말로 이 시대에서 살아남는 확실한 비기다. 주변에만 머물지 말고 핵심을 찔러라! 핵심을 다룰 수 있는 사람이 상대방을 쉽게 설득할 수 있는 법이다.

정보를 과다하게 늘어놓지 말고 메시지를 명쾌하게 전달하라!

한 가지 전제를 두고 두 번째 장을 시작한다. 정보의 홍수가 우리의 삶을 지배하는 오늘날이다. 이 같은 환경에서 정보를 효과 있게 전달한다는 의미는 불과 몇 년 만에 급격히 바뀌었다. 사회과학자들은 오늘날의 현대인이 과거의 세대가 다룬 정보량의 수만 배에 달하는 정보에 파묻혀 있다고 주장한다. 나는 사람들과 지나치게 많은 의사소통을 해야 하는 오늘날의 현실에 빗대어 '뒤죽박죽된 소통현실(Communiclutter)'이라는 말을 만들었다.

우리 사회는 '뒤죽박죽된 소통현실' 속에 있다. 이렇듯 복잡한 현실을 극복해야만 정보를 효과적으로 전달할 수 있다. 이를테면, 대부분의 사람들은 1주일, 24시간 내내 꼬리에 꼬리를 무는 의사소통을 하면서 살아간다. 누구나 컴퓨터 전원을 켜고 인터넷을 연결하면 짧은 시간 안에 많은 정보들을 입수할 수 있다. 그러나 맹점은 그렇게 수집한 정보들에 일일이 대응하지 못하거나 어느 하나를 물고 늘어져 집중적으로 처리하는 데 익숙하지 않다는 것이다. 이 책을 읽는 여러분도 동의할 거라고 생각한다. 당신의 이메일 편지함, 문자 메시지, 책상 등은 뒤죽박죽 어질러져 있다. 이런 것들을 보면 당신의 마음도 뒤죽박죽이 된다. 널부러져 있는 정보들을 효과적으로 처리하는 나름의 방법이 필요한 시점이다.

'뒤죽박죽된 소통현실' 이란?

조금 전에 언급한 '뒤죽박죽된 소통현실' 의 정의를 내려보자. 이는 마치 폭탄 세례를 받듯이 주변 사람들과 지나치게 많은 의사소통을 해야 하는 현실을 뜻한다. 과거와 달리 지금은 이와 같은 현실을 피할 수 없다. 피할 수 없다면 받아들이고 관리하는 것이 상책이다. 우리가 수신하는 메시지를 관리하듯이 발신하는 메시지에도 관리가 필요하다. 상대방에게 정보 과부하(information overload)로 인한 스트레스나 무관심을 줄여주는 것인데, 이런 과정이 바로 정보 관리다.

정보를 잘 관리한다면 막대한 양의 정보를 가지고 의사소통을 시작하더라도 핵심만 제대로 담아 메시지를 전달할 수 있게 된다. 다른 사람들이 정보 10개를 전달하면(의미 없는 정보가 절반이 넘을 것이다!) 당신은 그것들을 하나로 전달하게 되는 것이다. 즉, 당신의 메시지는 정제되어 설득력 있게 전달되고, 사람들은 의식이 뚜렷해져서 당신의 메시지를 분명하게 이해하게 된다. 이는 빠른 지름길을 택하는 것이다. 비유하자면, 당신은 '정량 조절(portion control: 식음료의 원가를 통제하고 모든 고객에게 균등량을 제공하기 위한 통제수단-옮긴이)' 방식을 활용하여 고객들에게 정확히 동일한 테이크아웃 음식을 제공한다. 이 과정 속에서 당신은 사람들에게 자료 더미를 떠안는 짐을 지우지 않게 된다. 이제 우리는 정보가 폭발적으로 증가하는 현상 때문에 고민하지 않아도 된다. 정보는 지식이 아니다. 이 사실을 이해하는 데서부터 효율적인 의사 전달이 시작된다. 정보라는 것은 우리가 이해하고 지식으로 습득하기 이전에 먼저 처리해야 할 대상일 뿐이다. 그러나 현실은 그렇지 않다. 우리가 정보를 스스로의 삶에 적용하는 것은 말할 것도 없고, 정보를 습득하고 처리하고 이해하기까지 많은 시간을 쏟아야 하는 비생산적인 삶을 반복한다.

예를 하나 들겠다. 당신은 지금 수백 명의 기업체 간부들이 모인 컨벤션 센터에 있다. 개회 순서가 끝나자 당신은 수많은 사람들을 따라 가장 가까운 토론실로 향한다. 토론실로 들어서자 토론 주제가 적힌 현수막이 보인다. 당신은 가운데 정도 자리를 잡고 프레젠테이션을 관람할 준비가 되었다. 잠시 후 발표자가 프레젠테이션을 시작한다. 발표자는 온화한 인상을 지으며 내용이 빼곡한 파워포인트 슬라이드를 이리저리 넘긴다. 한번에 너무 많은 내용을 전달하려고 애를 쓰고 있다. 당신은 꼼짝 못한 채 멍하니 발표자만 쳐다본다. 그리고 시간이 조금 지나자 발표자의 모습을 보면 볼수록 두통이 심해진다. 당신은 어떤 정보를 얻게 될까? 단언하건대 아무것도 얻지 못한다.

이번에는 이렇게 상상해보자. 당신은 방금 내용이 아주 긴 음성 메시지를 하나 받았다. 당신에게 전화한 사람은 너무 많은 말을 늘어놓는다. 그러다보니 음성 용량을 초과하고 상대방은 통화가 끊길 때마다 다시 전화해서 하던 얘기를 계속한다. 어떤 일이 벌어졌을까? 당신은 그의 용건을 파악하기까지 음성 메시지를 앞뒤로 돌려보느라 진땀을 뺀다. 생각보다 많은 시간이 흘러가 버린다.

마지막으로 이런 사례도 있다. 당신의 컴퓨터에서 이메일이 도착했다는 알림이 울린다. 달갑지 않게도 당신의 상사가 보낸 이메일이다. 이메일을 열어본 당신은 내용이 너무 많고 또 이해하기 어려운 말들이 많아서 그것을 읽는 데 시간이 꽤 걸리겠다고 생각한다. 게다가 당신의 잘못을 지적한 내용도 눈에 띄고, 다른 동료들에게도 비슷한 내용을 보낸 흔적이 보인다. 마음이 상한 당신은 즉시 이메일을 닫아버리고 하던 일을 계속 한다. 나중에 이메일을 다시 읽어보겠다고 생각하지만, 생각을 실천하지 못한다. 그리고 며칠이 지났다. 당신은 이메일 맨 끝줄에 상사의 지시 사항이 적혀 있었다는 사실을 알게 된다. 당신은 화들짝 놀란다. 이메일을 끝까지 읽지 않았던 것이다!

위 사례처럼 사람들은 중요한 정보를 놓치는 실수를 저지르곤 한다. 당신 역시 주위 사람들에게 너무 많은 짐을 지우는 건 아닌지 생각해볼 문제다. 혹 당신 또한 장황하고 복잡한 메시지를 전달함으로써 사람들을 혼란에 빠뜨리지는 않았는가? 아마 당신은 평소 많은 정보를 찾아서 전달하는 것이 예의라고 생각할지도 모르겠다. 그래서 꼼꼼하게 마지막 하나까지 전달하지 않는다면 사람들을 속이는 것이라고 느낄 수도 있다. 하지만 그와 같은 당신의 열정에도 불구하고 분명히 부정적인 측면이 있다. 당신은 스스로 그만큼의 정보를 찾느라 얼마나 많은 시간을 소비했는가? 또한 다른 사람들을 얼마나 깊은 정체 상태에 빠뜨리고 있는가? 대부분의 사람들은 이 같은 문제를 인식하지 못한다.

정보를 효과적으로 전달하는 비결은 바로 '정량 조절'이다. 예컨대 A라는 정보가 홍보팀 실무자에게는 반드시 필요할 테지만, 조직의 인사팀 실무자에게는 불필요할 수도 있다. 거꾸로 B라는 정보는 동료들과 공유하면 유익할 수 있어도 굳이 상사에게까지 보고할 필요는 없다 등등. 이렇듯 누군가에게 도움이 될 만한 정보를 당신 스스로 추리고 걸러내어 전달하는 것이 '정량 조절' 방식이다. '정량 조절'을 활용하면 당신이 제공한 정보가 가치

정보를 폐기하는 건 심각한 실수다!

있는 것으로 거듭난다. 사람들은 당신의 도움으로 정확한 일처리가 가능해진다. 당연히 정보를 잘 이해하고 자신의 업무나 삶에 적용할지 말지 고민하는 시간도 절약된다. 메시지를 정량 조절할 수 있으려면 평소 정보를 관리해 두어야 한다. 사람들에게 정제된 메시지를 명확하게 전달한다는 건 당신의 가치를 높이는 일이다.

메시지를 전달하는가? 혼란에 빠뜨리는가?

과도한 정보를 떠넘기는 행위는 대화 상대방을 배려하지 않는 소통 방식이다. 바꾸어야 한다. 이런 태도로 인해 대화 상대방은 혼란에 빠지고 사실을 잘못 이해하며 시간을 허비한다. 대화 상대방은 당신 때문에 이러지도 저러지도 못하는 상태에서 당신의 얘기에 귀를 막게 될 것이고, 당신의 태도에 화가 날 것이다.

지금부터 세 개의 장에 걸쳐서 소개하는 효과적인 메시지 전달 기술을 눈여겨보기 바란다. 이른바 '정량 조절' 방식을 활용해 사람들을 혼란에 빠뜨리지 않고 당신의 메시지를 명쾌하게 전달하기 바란다. 글자가 빼곡히 입력된 이메일, 끝날줄 모르는 음성메일, 주저리주저리 말을 늘어놓은 프레젠테이션 슬라이드, 핵심 없이 이어지는 이야기는 우리의 머리를 지끈거리게 만든다. 안 그래도 '뒤죽박죽된 소통현실'에서 살고 있는데 말이다. 살을 빼기 위해 다이어트를 하며 음식의 칼로리를 확인하듯이, 정보의 양을 적절한 수준으로 정하는 법을 터득해야 한다. 두 번째 장에서 소개하는 '정량 조절' 방식을 습관으로 만들어라. 상대방의 마음을 사로잡게 될 것이다. 아무리 복잡한 메시지라도 명쾌하게 전달할 수 있을 것이다.

그렇다면 메시지를 전달할 때 '정량 조절' 방식을 어떻게 적용하면 될까? 정말로 난해한 메시지를 전달할 경우에는 어떻게 해야 할까? 살려야 할 정보와 생략해야 할 정보를 어떻게 구별할까? 지금부터 핵심 메시지를 성공적으로 전달하기 위한 전략들을 살펴보겠다.

06 백 번 듣기보다 한 번 보는 게 낫다
시각을 자극시켜라

젊은 시절 NBC 방송국에서 기자 생활을 시작한 나는 첫 임무로 환상적인 일을 맡게 되었다. 캔터키 더비(캔터키 주 루이스빌에서 매년 5월에 열리는 경마대회-옮긴이)를 취재하는 것이었다. 경마대회를 1주일 남겨놓고 흥미진진한 이야기를 찾아 처치힐 다운스(Churchill Downs: 루이스빌에 있는 경마장-옮긴이)까지 찾아가면서 내가 얼마나 흥분했는지 상상해보라.

하루는 안호이저 부시의 클라이데스데일(말의 종류)을 특종 취재하고 있었다. 커다란 말들에 둘러싸여 있던 나는 마치 자그마한 꼬마 같았다. 그런데 갑자기 내 유쾌한 이야기가 끊기고 말았다. 카메라가 돌아가는 와중에 체중 1톤이 넘는 순종의 클라이데스데일 경주마가 내 머리를 먹고 있었던 것이다. 이 장면은 고스란히 TV 전파를 탔다! 신참 기자였던 나는 어찌할 바 모르면서 아무 일도 없었다는 듯이 보도를 계속했다. 사실 내 머리를 먹으려던 말을 이해할 만도 하다. 스프레이로 바짝 말린 내 머리가 하루에 건초를 20킬로그램이나 먹는 녀석의 눈에는 먹잇감으로 보일 만도 했다. 물론 유쾌한 장면이 연출되면서 시청자들은 이 말에 대한 정보를 함께 기억하게 되었다. 나 하나 망가져서 프로그램의 취지를 살릴 수 있었다는 데 위안을 삼는다.

공포에 질린 내 우스꽝스러운 모습이 TV에 나온 이 사건을 계기로 나는 스프레이를 그만 쓰기로 다짐한 것을 떠나서 소중한 교훈 하나를 얻었다. 너무나 유명한 이야기지만, '백 번 듣는 것보다 한 번 보는 것이 낫다'는 진리를 알게 되었다! 이제 감이 왔겠지만, 내가 어떤 이야기를 하든 시청자들에게는 먹히지 않았을 것이다. 달리 말하면, 내가 암 치료법을 열심히 설명했다 한들 시청자들은 내 이야기를 잘 이해하지 못했을 것이다. 캔터키 더비를 취재하던 당시 시청자들은 내가 전달하려는 소식보다

백 번 듣는 것보다 한 번 보는 것이 낫다!

'스포츠에서 가장 짜릿한 2분' 이라는 경마 표어에 시선이 쏠렸다.

　업무 또는 회의 도중에 자신의 의견을 전달할 때에도 '백 번 듣는 것보다 한 번 보는 것이 낫다' 는 말을 유념해야 하지 않을까?

사람들을 혼란에 빠뜨리지 마라

한 대기업에서 재정 고문으로 일하는 브래드(Brad)의 사례다. 그는 자신의 생각을 명쾌하게 전달하지 못하고 자기도 모르는 사이 사람들을 혼란에 빠트리곤 했다. 이 일을 고민하던 브래드는 우연히 알게 된 시각화 전략을 사용함으로써 사람들의 긍정적인 반응을 이끌어내고 있다. 정보 전달의 시각화! 그는 업무 현장에서 시각 자료를 활용하면 큰 효과를 거둘 수 있다는 사실을 실감하고 있다. 브래드가 우연히 알게 된 시각화 전략을 소개하겠다. 사실인즉, 브래드는 동문 이사회 회의에 참석하여 기쁜 소식을 전했다. 얼마 전 세상을 떠난 한 동문이 모교에 8만 달러를 기부했다는 이야기였다. 그런데 기부금 운영 원칙을 설명하기가 쉽지 않았다. 브래드는 뜻밖에 생긴 8만 달러의 기금을 두 부분으로 나누어 운영할 생각이었다. 이를 말로 풀어보자.

'학교에는 매년 각 기금의 6%를 사용할 수 있는 허가권이 주어졌으며, 학교는 기부자가 지정한 두 부분, 즉 장학금을 운영하고 학교 부지를 유지하는 데 기금을 사용할 수 있다. 게다가 두 부분에 해당하는 기금들 중 어느 한 기금이라도 지출하지 않는 경우, 그 기금을 상환하여 재원에 충당할 생각이다.'

무슨 내용인지 이해가 되는가? 혼란스럽지 않은가? 그렇다. 브래드의 설명을 들은 사람들은 혼란에 빠졌다. 브래드는 이 복잡한 절차를 사람들에게 설명하려 애쓰면서 자신이 그들의 머리를 지끈거리게 했음을 눈치 챘다. 이사회 회원 몇 사람은 단지 8만 달러라는 액수에 혼이 빠졌다. 그들은 흥분한 나머지 학교 지붕을 새로 덮자고 떠들어대기 시작했다. 또 몇 사람은 기금의 6%에 대한 설명을 듣고 어안이 벙벙해진 상태에서 숫자를 맞춰보느라 정신이 없었다. 다른 사람들은 기금이 여러 항목으로 사용된다는 말에 여전히 알쏭달쏭한 표정을 지었다.

브래드가 말을 하면 할수록 사람들의 머릿속은 더 뒤죽박죽이 되었다. 무엇이 잘못되었을까? 사람들에게 설명을 명쾌하기 하기 위해 브래드는 어떻게 했을까? 지나

■ 효과적인 시각화 자료

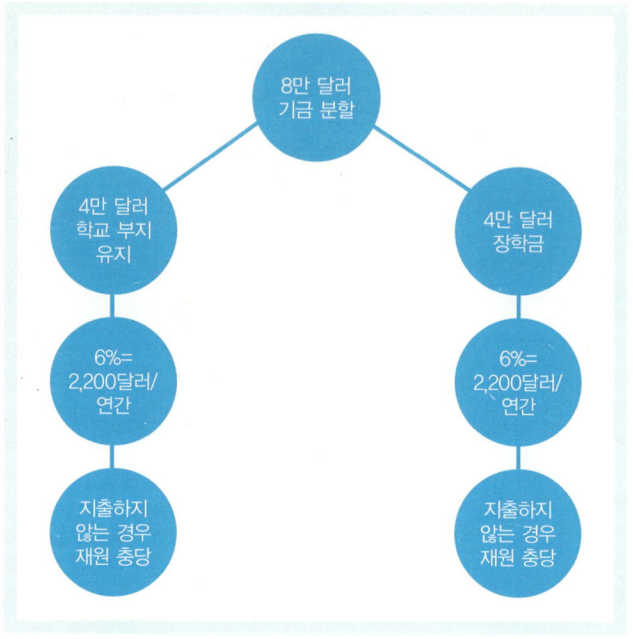

고 나서 생각해보니 답이 아주 분명해졌다. 간단한 그림만 보여줬어도 이사회 회원들이 멍한 상태로 혼란에 빠지는 일은 없었을 것이다.

시각은 인간의 가장 주요한 감각이다. 교육 이론과 인지심리학 분야의 연구에 따르면, 우리 뇌가 단순한 말보다 눈에 보이는 것을 10배나 빨리 처리한다고 한다. 문자

보다 그림을 볼 때 우리의 기억력은 높이 상승한다. 그래서 시각 자료를 보고 정보를 습득하는 경우, 새로운 정보를 빨리 통합하는 것은 물론 정보를 체계화하고 분석하기 쉽기 때문에 정보를 더욱 잘 파악할 수 있다. 어떤 경우에도 말로만 설명하지 말고 눈으로 볼 수 있도록 하라. 사람들이 당신의 메시지를 오해하거나 알아듣지 못할 위험이 줄어들 것이다. 물론 당신이 바라는 결과를 더욱 빨리 얻게 될 수도 있을 것이다.

한 번만 보면 명쾌해진다

메시지를 명확히 전달하기 위해 시각화 전략을 어떻게 활용하면 될까? 이 전략을 적용하기 위한 실천지침을 소개한다. 이른바 '비포 앤 애프터(before and after)' 전략이다. 이 전략은 특히 다이어트 업계의 기업들이 필수적인 마케팅 도구로 활용하여 큰 성공을 거두고 있다. 미국의 경우, 유독 비만이 사회적인 문제로까지 대두된다. 흔히 식스팩을 갖춘 '몸짱' 까지는 아니더라도 뱃살 때문에 자신의 눈으로 발끝조차 볼 수 없는 사람들의 다이어트 욕구가 날로 커지고 있다. 이 같은 소비자들의 염원에 힘입어 체중 감량과 관련 있는 기업들은 수많은 마케팅 작업을 통해 연간 300억 달러의 수요를 만들어내고 있다. 그런데 다이어트 상품과 프로그램을 선전하는 가장 효과적인 방법이 무엇인지 짐작하는가? 다름 아닌 다이어트를 성공한 사람의 '전'과 '후' 사진이나 그림을 보여주는 것이다.

실천지침 1 _ 비교해서 보여주기

비교하여 보여줌으로써 상대방의 시각을 자극해보자. 대조되는 그림을 보는 사람은 이리저리 머리를 굴리지 않고 일순간 강한 인상을 받게 된다. 달리 말해서, 지루하게 만드는 요소들을 배제하여 시각 자료를 제시하면 된다. 상대방이 확신을 갖도록 유도하는 것이다.

전달하려는 정보의 종류에 따라 시각화하여 제시할 수 있는 내용들은 다양하다. 다음의 방법들을 비롯해서 여

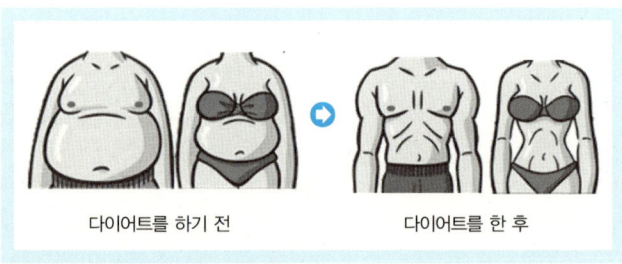

■ 다이어트 '전'과 '후' 비교 그림 홍보물

러 가지 형태로 비교해 설명할 수 있다.

- 간단한 그래프
- 명쾌한 차트
- 실물 비교 설명
- 소품 활용
- 상품 맞비교 등

비교하여 보여주는 전략을 활용하면 자기 회사의 성장률이나 시장 지배력을 한눈에 보여줄 수 있다. 심지어 경쟁 회사의 약점도 폭로할 수 있다.

비교는 결과를 증명한다

전 부인과 그 남자친구를 살해한 혐의로 기소됐다가 풀려난 유명 미식축구 선수 오제이 심슨(O.J. Simpson)을 기억할 것이다. 심슨의 변호인 조니 코크란(Johnnie Cochran)은 법정에서 시각을 자극하는 전략을 활용해 심슨을 탁월하게 변호해냈다. 마지막 변론을 시작하며 코크란은 검찰이 살인 증거물로 제시한 장갑과 비슷한 장갑을 껴 보였고, 재판하는 내내 그 장갑이 심슨에게 전혀 맞지 않는다는 사실을 배심원들에게 상기시켰다. 사진 속의 코

▎조니 코크란의 변호, 사진출처 〈로이터 통신〉

크란이 했던 말을 기억하는가?

"장갑이 맞지 않으면…"
코크란이 말했다.
"무죄를 선고해야 합니다."

코크란은 눈으로 보게 하는 전략을 활용함으로써 심슨이 무죄라는 자신의 메시지를 배심원들에게 분명히 전달하고자 했다. 내공이 풍부한 변호사였던 코크란은 사람들이 청각보다 시각에 더욱 잘 반응한다는 사실을 알고 변호에 임한 것이다.

실천지침 2 _ 파워포인트 다이어트하기

파워포인트는 축복이자 저주가 될 수 있다. 프레젠테이션을 명쾌하게 보여주는 도구로 활용할 수 있는 반면에 잘못 활용하면 위 원칙에 어긋나는 두 유형의 실수를 저지를 수 있다. 프레젠테이션을 잘못 활용해서 자신의 신뢰도를 손상시키는 실수를 저지르지 말자.

슬라이드를 글자로 빽빽이 채우지 마라

글자로 가득한 슬라이드를 보고 있노라면 마치 고문을 당하는 것 같다. 누가 지루한 프레젠테이션을 끝까지 참고 봐주겠는가? 아래 제시한 그림처럼 글자들이 빽빽하게 들어찬 프레젠테이션은 우리들의 인내심을 시험한다. 그런 형식의 슬라이드를 사람들이 끝까지 지켜봐주기를 바란다면 큰 욕심이다. 이와 같은 자료로는 사람들을 설득하기가 어렵다.

참고로 다음의 슬라이드는 내용이 너무 장황하다. 또한 화면에 글자가 너무 많아 핵심을 찾아내기가 쉽지 않다. 분명한 사실은 보는 사람으로 하여금 지루함을 느끼게 한다는 점이다. 이처럼 옛날 방식에 익숙하다면 내용을 나눠서 OHP(Overhead Project) 슬라이드로 보여주는

Best and Worst Things About Presentations	
Best	Worst
Sounding confident	Blank expression
Good intonation	Fast speaking speed
Simple slides	small / quiet voice
good gestures	Unclear pronunciation
variation in tone	lying
Real examples	always looking at script
good eye contact	sitting down
(looking at audience)	too many pauses
Good knowledge	too much content in slides
humorous	complicated
free gift	no wearing proper clothes
female presenter	jargon
Simple and short	not thinking of audience

■ 글자로 가득한 슬라이드

편이 낫다. 무슨 말인지 이해가 되는가? 슬라이드에 너무 많은 글을 넣는다면 그 내용을 읽는 사람들은 당신이 전달하려는 메시지의 핵심을 파악하지 못한다. 이렇듯 사람 따분하게 만드는 슬라이드에 관심을 고정하는 사람은 드물다. 슬라이드를 끝까지 지켜본다 해도 내용을 제대로 이해하지 못할 것이다. 뿐만 아니라 당신이 자신감이 부족하다거나 자칫 '대본 없이는 프레젠테이션도 못하는 사람'이라는 인상을 심어줄 수도 있다. 이는 당신의 신뢰도를 떨어뜨리는 일로 이어질 가능성이 크다.

거꾸로 파워포인트에 너무나 익숙한 나머지 여러 가지 클립아트를 활용하는 것도 경계해야 한다. 온갖 부수적인 장치로 꾸민 슬라이드 또한 당신의 메시지를 훼손시킨다. 즉, 슬라이드를 너무 화려하게 꾸미면 세부 내용이나 핵심이 부족한, 더 심하게는 볼 것 하나 없는 속빈 강정이라는 인상을 남길 수 있다.

슬라이드를 오색찬란하게 꾸미지 마라

파워포인트를 만든 로버트 개스킨(Robert Gaskins)과 데니스 오스틴(Dennis Austin)도 멍청한 아이디어를 그럴싸하게 보이도록 꾸미려 애쓰다가 샛길로 빠질 위험이 많다는 데 동의했다. 오스틴은 2007년 파워포인트 20주년

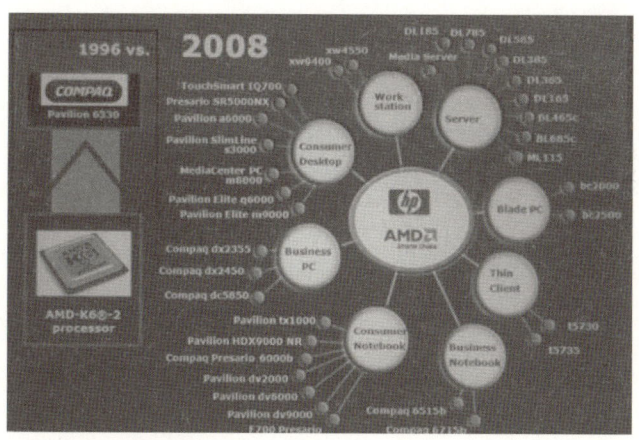

■ 현란한 내용의 슬라이드

기념 행사장에서 〈월스트리트저널(Wall Street Journal)〉 기자에게 이렇게 말했다.

"인쇄 기계와 다를 바가 없네요. 이것 때문에 온갖 쓸모없는 것들이 나오고 있으니 말예요."

실제로 당신 또한 파워포인트 프로그램을 열면, 내용보다 형식에 치우치고 슬라이드를 과장되게 꾸미고 싶은 유혹에 빠진다. 이런 유혹을 떨쳐내기가 어렵다. 이때 정보를 단순화하는 '정량 조절'을 함으로써 명쾌한 메시지를 만들 수 있어야 한다. 그렇다면 프레젠테이션 슬라이드를 만들 때 귀보다 눈을 자극하는 기법을 어떻게 활용해야 할까?

꽂히는 말로 매료시켜라 TIPS 11

귀보다 눈을 자극하는 법

❶ 당신이 첫 번째 시각 자료다 | 프레젠테이션 슬라이드에 당신의 능력이 가려지게 하지 마라. 또한 무심코 자신의 나쁜 버릇을 보이거나 쓸데없는 말이나 행동으로 주의를 산만하게 하지 마라. 당신의 말과 몸짓이 어긋나는 경우, 청중은 둘 중 어느 것에 더 반응을 할까? 그렇다. 청중은 당신의 몸짓을 보느라 당신의 말에 귀를 기울이

지 못한다.

❷ **프레젠테이션을 부풀리지 마라** | 요점을 잘 정리해서 프레젠테이션 슬라이드를 적당히 만들어라. 무엇이든 지나치면 효과가 떨어지는 법이다. 당신의 메시지를 모호하게 만들지 마라.

❸ **소리를 짧게 배치하라** | 슬라이드에서 나는 소리가 너무 길면 청중의 주의를 산만하게 만들고 메시지가 제대로 전달되지 않는다. 소리를 최대한 짧게 배치하라. 과도한 것들은 빼버려라. 간단하고 명쾌해야 한다.

❹ **시각 자료를 활용하는 것이 설득의 지름길이다** | 프레젠테이션 슬라이드를 글과 차트로 가득 채우는 사람들이 많다. 반대의 방법을 써보자. 사진이나 동영상처럼 눈에 확 들어오는 시각 자료를 보여주면서 청중의 심상을 자극하라. 핵심은 간결하게, 시각 자료는 눈에 잘 들어오게 해야 한다.

❺ **초점을 둬야 할 부분을 알려주어라** | 수치로 가득한 슬라이드를 보여줄 때는 청중이 초점을 두고 봐야 할 부분에 강조 표시를 하라. 혹 청중이 엉뚱한 부분에 집중하다가 관심을 잃거나 혼란에 빠져 당신의 메시지를 오해하는 일이 생기지 않도록 하라.

실천지침 3 _ 소셜 미디어로 연결하여 마음을 움직이기

인터넷이 보급되기 전에는 인상적인 시각적 자원을 활용할 수 있는 방법이 별로 없었다. 지금은 언제, 어디서나 시각적 자원을 활용할 수 있는 환경이다. 따라서 내가 필요로 하는 정보를 쉽게 찾고 자신에게 유리하게 정보를 퍼뜨릴 수 있다. 예컨대 소셜 미디어를 활용하면 눈 깜짝할 사이에 시각을 자극하여 정보를 전달할 수도 있다. 우리는 인터넷 시대에 살고 있다. 사람들의 시각을 자극하는 데 도움이 되는 소셜 미디어를 살펴보도록 하자.

지금은 동영상 시대! 흐름에 동참하라

오늘날에는 유권자들이 대통령 선거 후보자들에게 직접 질문을 한다. 남편에게 괄시를 받았던 부인이 별거 중인 남편에게 굴욕을 준다. 인사담당자들이 동영상 이력서 사이트를 찾아보고, 경찰이 범죄자를 검거하기 CCTV영상을 게재한다. 지금은 아이팟이나 아이폰 같은 스마트폰을 사용하여 언제, 어디서나 소셜 미디어 사이트로 자신이 메시지를 전달할 수 있다. 소셜 미디어 사이트의 효용성을 미처 몰랐다면, 이제 그것을 받아들여야 할 때이다. 그러지 않는다면, 지금 같은 정보화 시대에 남들에게 뒤질 수밖에 없다. 주저하면 어느 순간, 게임의 판도가 바뀐 당혹스러운 일들을 겪을 수밖에 없다.

이것들은 당신의 이야기를 실시간으로 기록하고 당신의 상태를 업데이트할 수 있는 시각적 플랫폼이다. 이런 도구들을 이용해서 수많은 사람들이 자신의 의견이나 주장을 제시하고 자신의 프로필을 게시하고 있다. 소셜 미디어 사이트들은 시각적인 효과를 이용하여 사람들을 연결시키면서 놀라운 속도로 성장하고 있다.

페이스북, 트위터, 블로그, 팟캐스트 등의 소셜 미디어를 활용하라

페이스북의 소셜 그래프(Social Graph)를 본적이 있는가? 페이스북의 소셜 그래프는 페이스북 내 친구들과의 연결고리들을 표현한 수학적 개념의 구조다. 소셜 그래프 상에서, 당신은 여러 친구들과 노드(node)로 연결된다. 이것이 당신에게 어떤 의미가 있는지 알고 있는가? 당신이 사진을 올리거나 프로필 정보를 수정하자마자 이 사실이 소셜 그래프를 통해 모든 사람에게 전달된다. 소셜 네트워크 사이트를 통해 사람의 마음을 움직일 수 있는 것은 분명한 사실이지만, 한편으로 미묘한 부분도 있다. 소셜 네트워크 사이트는 인터넷 안의 인터넷이다. 이런 세상

소셜 미디어를 활용하여 시각적 효과를 내라

에서 사람들은 당신과 접촉하거나 네트워크 상의 다른 사람들과 관계를 맺기 위해 사전에 동의를 구해야 한다. 사람들을 귀찮게 하거나 사람들의 눈을 자극하여 그들의 관심을 끌어내지 못한다면, 사람들은 당신이 그 공간을 떠나게 할지도 모른다. 당신은 더 이상 그 공간에서 활동하지 못할 것이다.

소셜 네트워크에서 활동하는 법

❶ 분명하고 간단하게 전달하라 | 동영상 조회 세계 최고기록의 '춤의 진화(Evolution of Dance)'를 비롯해 네티즌들에게 인기를 끈 인터넷 미디어들을 떠올려보라. 지나치게 많은 내용을 전달하려 하지 마라. 당신이 알고 있는 모든 것이 아니라, 메시지의 핵심을 전하는 것이 당신의 일이다.

❷ 한 번 전송하면 되돌릴 수 없음을 기억하라 | 전송 버튼을 누르기 전에 이 사실을 떠올리자. 메시지에 당신의 의도가 제대로 담겼는지 다시 한 번 확인해야 한다.

❸ 간결하게 만들어라 | 인터넷 서핑을 하면서 인터넷 상의 모든 것을 해석하려는 사람이 있을까? 인터넷 상에 있으면 한 곳에 집중하지 못하게 마련이다. 사람들은 업무시간에 잠시 인터넷을 들여다보고 있을지도 모른다. 또는 집에서

정신없이 아이들을 돌보다가 겨우 짬을 내어 인터넷을 하고 있을지도 모른다. 사람들의 짧은 '주의집중 시간(attention span)'을 장악하는 가장 좋은 방법이 간결하게 만드는 것이다.

❹ **당신의 복장으로 당신의 메시지를 가리지 마라** | 당신이 패션 디자이너나 영화배우가 아니라면 수수하게 입어라. 튀지 않는 복장을 하고 화장을 진하게 하지 말고 머리 스타일을 편안하게 하라. 당신의 외모가 사람들의 주의를 떨어트리게 하지 마라.

❺ **화상 채팅을 할 때는 호감 있는 표정을 지어라** | 자신감 넘치는 표정과 거만해 보이는 인상에는 미묘한 차이가 있다. 이 차이를 잘 조절해야 한다. 살짝 미소를 짓고, 사랑스러운 연인을 대하듯, 따뜻한 눈빛으로 바라보면서 호감을 주어라.

❻ **전문 용어를 내뱉지 마라** | '지식의 저주'의 희생양이 되지 마라. 소셜 미디어는 불특정 다수의 사람들이 보는 매체다. 자신만이 아는 말을 사용하면서 사람들을 혼란에 빠뜨리는 실수를 범하지 마라.

07 3패턴 전략을 사용하라
3단계 구조 활용하기

당신의 의식이 정보를 세 가지 집합으로 인식하려 한다는 사실을 아는가? 정보를 수용할 때 '3'은 최고로 강력한 숫자로 통한다. '3'이라는 숫자가 메시지를 강력하게 전달하는 비결이라는 말이다. 사람들이 당신의 메시지 쉽게 이해하도록 하고 싶다면, 시간과 노력을 아끼고 싶다면, 당신의 메시지를 세 부분으로 나누어 구조를 만들면 효과적이다.

세상에서 가장 강력한 숫자 3

'3'을 어떻게 활용하는지 잘 모르겠는가? 그렇다면 당신 삶의 모든 영역에서 메시지를 어떻게 세 부분으로 나누어

■ 주변에서 흔히 볼 수 있는 '3패턴'들

교육
- 3Rs: Reading(읽기), Riting(쓰기), Rithmetic(셈하기)

스포츠
- NBA, MLB, NHL, NFL, PGA, WWE
- 경마: 트리플 크라운(Triple Crown)
- 야구: 3진 아웃, 쓰리아웃 이닝 종료

엔터테인먼트
- 방송국 머리글자: NBC, CBS, FOX, PBS, CNN, HBO
- 〈세 마리 눈먼 생〉, 〈쓰리 스투지스〉, 〈삼총사〉, 〈아기 돼지 삼형제〉
- 조명, 카메라, 액션!

과학
- 고체, 액체, 기체
- 동물, 식물, 광물
- 지방(Fats): 포화지방(Saturated Fat), 단일불포화지방(Monounsaturated Fat), 고도불포화지방(Polyunsaturated Fat)

안전교육
- (불이 붙었을 때) 멈춰서, 털고, 구르세요.
- 멈춰서, 보고, 듣는다.
- 1-1-9(긴급전화번호)

법
- 법정 3단계 절차: 예비심문선서, 개회, 변론
- 법정 서약: 진실, 전적인 진실, 오로지 진실만을 말하겠다.
- 변호인, 변호의뢰인, 증인

비즈니스
- CEO, COO, CFO, CIO, CMO
- GNP(Gross National Product)
- 자동차 업계 빅 3

기본적인 사실
- 날, 달, 년
- 세 자리 지역번호
- 빨강, 하양, 파랑

정부기관
- 행정부, 입법부, 사법부
- IRS(Internal Revenue Service, 미 국세청)
- FBI(Federal Bureau of Inestigation, 미 연방수사국)

관용어구
- Hop, skip, and a jump(엎어지면 코 닿는다.)
- Beg, borrow, or steal(구걸하거나 빌리거나 훔쳐야 한다.)
- Eat, drink, and be merry(먹고, 마시고, 즐겨라.)

주고받는지 살펴보자. 표에서 소개하는 사례는 비즈니스 커뮤니케이션 워크숍 참석자들이 작성한 것들이다.

3패턴은 우리 삶 깊숙이 배어 있다

예컨대 영어에서 '그러그러한, 등등'의 의미로 'Blah, Blah, Blah(또는 Yada Yada Yada)'라는 표현을 쓴다. 이런 사례는 수없이 많다. 무슨 말을 하려는지 눈치를 챘는가? 이런 '3패턴'은 우리 삶에 깊숙이 배어 있어서 우리는 그 형식을 인식조차 못할 수도 있다. 그럼에도 당신은 잠재의식에서 무엇이든지 3패턴으로 만들어야 편한 기분을 느낀다. 꼭 그래야 되는 것처럼 느끼는 것이다.

사례를 하나 들자면, 한 기업의 영업관리자로 있는 데이비드(David)는 좋은 것도 지나치면 혼란을 일으킨다는 사실을 깨달았다. 사실인즉, 데이비드는 자신이 정리한 주요 업무 리스트를 지역의 영업담당자들이 제대로 파악하지 못한다는 사실에 무척 당황했다. 나는 데이비드에게 그의 주요 업무 리스트를 한번 보여 달라고 요청했다. 그러자 데이비드는 노트북을 홱 열고는 문서 하나를 열어보였다. 항목이 스무 개나 보였다. 그렇다. 무려 스무 개였다! 데이비드를 유심히 쳐다보니, 머리에 쥐가 나서

터지기 일보 직전인 것처럼 보였다. 데이비드는 우선 처리해야 할 업무를 너무 많이 정해두었다. 정보를 '정량 조절' 하지 않고 메시지를 전달하다보니 그 메시지를 아무도 이해하지 못하고 행동으로 옮기지도 못했다. 나의 조언을 들은 데이비드는 최우선 업무를 세 항목으로 요약하여 영업담당자들에게 전달했다. 영업담당자들은 데이비드의 지시를 제대로 이해했으며, 업무를 원활하게 처리해서 실적도 많이 올렸다.

강력한 3패턴 전략을 어떻게 자신에게 이롭게 활용할 수 있을까? 다음 세 가지 실천지침을 활용하자.

실천지침 1_ 미리 세 가지 선택사항 갖추어놓기

이 기법의 개념은 단순하지만, 그 효과는 강력하다. 상대방이 지체 없이 의사결정을 내리도록 세 가지 선택 사항을 사전에 마련하는 것이다. 다시 말해, 상대방에게 사전에 준비한 세 가지 선택권을 제시하는 것이다. 이 기법을 활용하면 의사결정 과정이 상당히 빨라진다. 상대방은 의식적으로 3패턴에 익숙하기 때문에 선택사항에 만족하고, 지나치게 고민하지 않고 마음 편히 선택을 할 수 있다.

기업들도 이 개념을 잘 활용하고 있다. 이 기법을 비즈니스에 적용하면 효과가 아주 좋다는 사실을 알게 될 것이다. 예컨대 아마존닷컴(Amazon.com)은 사이트의 가로 열 하나에 책 세 권을 전시한다. 너무 많지도 너무 적지도 않은, 딱 적당한 배열이다. 아이튠즈 스토어(iTunes Store)는 홈페이지 상단에 인기 신규 앨범 세 개를 노출한다. 애플 컴퓨터의 온라인 스토어를 방문한 적이 있는가? 애플의 온라인 스토어에서는 세 유형의 컴퓨터 구성을 한번에 보여준다.

인포모셜 광고(infomercial: 어떤 주제를 두고 비교적 긴 시간에 걸쳐 여러 정보를 제공하고 제품이나 서비스를 선전하는 광고-옮긴이)를 봤거나 이런 광고를 보고 물건을 산 적이 있겠지만, 이런 광고에서도 3패턴 규칙이 당신을 끌어당긴다. 부담 없어 보이는 세 가지 결제방식을 내세워 소비자들이 제품을 살 수밖에 없게끔 유혹하는 것이다. 개인적으로 이 기법의 효과를 실감한 적이 있다. 한때 500달러나 나가는 고가 상품 홈쇼핑 프로그램을 공동 진행한 적이 있다. 론칭 전 시험 판매를 했을 때만 해도 샘플 소비자들은 제품과 광고에 좋은 반응을 보였다. 그런데 실제로 판매를 시작하자 예상과 달리 매출이 상당히 저조했다. 제품 가격이 터무니없이 비싼 탓이었다. 우리 광고 제작자는 어떻게 했을까? 그는 방송의 결제방식 소개 부분을 재녹화하게 했다. 그는 정가를 고스란히 지불하는 결제방식을 부담 없어 보이는 세 가지 결제방식으로 바꿨다. 예상이 적중했다! 신기하게도, 제품 가격에 대한 거부감이 줄어들면서 매출이 늘어나기 시작했다.

실천지침 2 _ 좁고 깊게 사고하기

3패턴 규칙은 사람들에게 선택사항을 제시할 때는 물론 사람들에게 정보를 전달하여 행동을 이끌어낼 때도 유용하게 활용된다. 이런 측면에서 보면, 어떤 유형의 커뮤니케이션에서도 간결하면서 깊이 있는 형식이 사람들을 혼란에 빠뜨리지 않으며 메시지를 명쾌하게 전달하는 데 도움이 된다. 즉, 내용은 많지만 깊이가 없는 형식이 아니라 여러 생각을 결합하여 핵심을 뽑아냄으로써 '뒤죽박죽된 소통현실(communiclutter)'을 극복하고 메시지를 명쾌하게 전달할 수 있다. 그렇다면 이 개념을 어떻게 적용하면 될까? 가령 이메일을 작성할 때, 당신이 전달하는 메시지나 정보를 기호로 구분하여 표시해보자. 힐끗 봐도 알 수 있을 정도로 메시지를 명쾌하게 전달할 수 있을 것이다. 이처럼 정보를 작은 조각으로 분리함으로써 긴 문장이 유발하는 지루함을 없애고 요점을 쉽게 드러낼 수 있다. 예컨대 사내에 회의 일정을 공유하는 이메일은 다음과 같이 작성할 수 있다.

전체 회의 일정
- 7월 19일 화요일
- 오후 1시~2시 30분
- 3-A 대회의실

전화 통화로 여러 내용을 전달할 때도 세 가지 사항으로 요약해서 '세 가지가 있습니다'라는 말로 대화를 시작한 다음 본론으로 들어가 보자. 왜 이렇게 해야 할까? 불독이 스테이크에 덤벼들 듯이, 우리의 마음은 숫자에 마음을 빼앗긴다. 미리 정보의 가짓수를 제시하면 대화 상대방은 관심을 놓지 않는다.

프레젠테이션을 할 때도, 좁고 깊은 형식은 강력한 호소력을 발휘한다. 세 가지 핵심 사항 아래에 하위 사항들

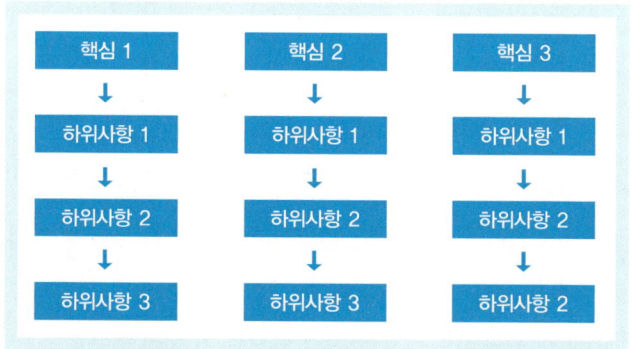

▌3패턴을 활용한 아코디언 구조

을 열거하라는 말이다. 이런 구조가 효과를 발휘하는 이유는 무엇일까? 까다로운 정보를 보기 좋게 간략화하고 우리의 마음이 편안하게 정보를 흡수하도록 하는 방식(세 가지로 분류하는 방식)으로 구조화했기 때문이다.

130쪽 그림은 프레젠테이션을 할 때 주로 사용하는 방식이다. 이 방식은 구조적 형태에 빗대어 '아코디언 구조(Accordion Structure)'라고 이름을 붙였다.

시간의 압박을 받을 때, 이를테면 회의가 끝나가는데 뭔가 할 말이 생겼거나 동료가 당신이 얘기할 시간까지 잡아먹고 있을 때(이런 경우 당황스럽지 않은가?), 맨 아래 하위 항목들을 과감하게 생략한다. 이런 식으로 핵심 사항들만 간추려 전달하고 회의 시간을 효율적으로 사용하라. 또한 이 방법을 쓰면 중요한 사항들을 빠뜨리지 않고 일목요연하게 전달할 수 있다. 반대의 경우라면, 가령 프레젠테이션에서 시간이 조금 남았을 때, 세 가지 핵심 사항에 깊이를 좀 더 추가해본다. 이를테면, 성공 사례를 들려주고 실천할 사항이나 다른 방법들을 더 소개한다.

좁고 깊게 사고하는 습관을 가지자. 어떤 상황에서도 당신의 메시지를 명쾌하게 전달하게 될 것이다.

3패턴을 쉽게 인식하지 못할 수도 있겠으나 우리는 일상에서 이 방식으로 정보를 습득한다. TV 프로그램들을 떠올려보라. 예능 프로그램을 봐도, 뉴스를 봐도 3패턴으로 정보를 간결하고 깊이 있게 전달하고 있음을 확인할 수 있다. 뉴스는 얼마나 많은 순서로 나뉠까? 뉴스, 스포츠, 날씨 이렇게 세 가지다. 프로그램을 만드는 프로듀서들은 그날그날의 필요에 따라 세 범주에 해당하는 정보를 추가하거나 편집하는 등 유연하게 프로그램의 내용을 짠다. 게다가 〈투데이쇼〉 같은 뉴스 쇼에서 다루는 소재를 봐도, 간결한 3패턴을 확인할 수 있다. 방송사는 대개 이런 프로그램을 방영하기 전에 주요 내용 세 가지를 미리 예고하는데, 이를 TV 용어로 'Tease(프로그램 첫머리에 삽입하는 프로 예고나 소개-옮긴이)'라고 한다. 세 가지 소재를 맛보기 정도로만 보여주면서 관심을 사로잡은 다음 본론으로 자세히 들어가는 식이다. 심야 뉴스 프로그램들을 봐도 마찬가지다. 이를테면, 앵커가 오프닝을 하고 초대 손님이 출연하고 다른 앵커가 뉴스를 진행하는 세 단계 구성을 확인할 수 있다.

물론 이론과 현실은 다를 수 있다. 메시지를 세 가지 이상으로 정리해야 하는 경우도 충분히 생길 수 있다. 그래도 정보 과잉의 시대에서는 3패턴을 잘 활용하는 것이 여러 모로 도움이 된다. 스트라이크 세 개면 당신의 승리다!

그런데 3패턴 전략을 사용하는 경우 전달할 사항을 어떤 순서로 제시해야 하는지 묻는 사람들이 많다. 나는 이렇게 되묻고 싶다. "당신은 사람들이 어떤 것을 선택하기를 바랍니까?" 그렇다. 선택되기를 바라는 것을 가장 먼저 제시하라.

실천지침 3 _ 선택되기를 바라는 것부터 제시하기

세계적인 침구 회사의 영업 교육을 진행하다가 이 전략의 강력한 효과를 실감했다. 매장 직원들이 값비싼 최고급 제품을 손쉽게 판매하는 비법을 발견했기 때문이다. 가구점에서 침대 매트리스를 구매한 적이 있을 것이다. 매장에 들어서면 점원이 전시된 제품들을 보여주기 시작한다. 당신은 가구점 점원이 흔히 쓰는 수법을 알고 있을 것이다. 점원은 제일 먼저 어떤 침대 매트리스를 당신에게 권할까? 가장 비싼 제품일까? 아니면 가장 싼 제품일까? 당연히 가장 비싼 제품이다. 왜일까? 소비자들의 구매와 관련된 연구에 따르면, 사람들은 가장 사치스러운 선택을 내려야 할 때, 대개 유혹을 뿌리치느라 곤욕을 치른다고 한다. 우리는 대개 가장 좋은 것을 맛

보고 나면 그보다 덜한 것에 만족을 잘 못하는 경향이 있다.

소비자들에게 상품을 판매하는 일은 물론이고, 일상의 모든 커뮤니케이션에서 사람들의 이런 심리를 이용할 수 있다. 다음의 전략을 써보자. 예컨대 3패턴으로 자신의 의견을 전달하거나 선택을 제시하는 경우, 순차적인 방식을 쓰지 마라. 그보다는 사람들이 선택하기를 바라는 사항을 먼저 제시하라(앞에서 배운 '핵심 메시지 앞세우기 전략'을 떠올려보자). 그 다음으로 선택되기를 바라는 사항은 맨 마지막으로 미뤄서 마무리를 확실히 지어라. 그렇게 하면 가장 바라지 않는 사항은 중간에 묻힌다. 그런데 상대편이 계속 흐릿한 태도를 보이며 결정을 내리지 못한다면 어떻게 해야 할까? 이를테면, 친구에게 점심 메뉴를 세 가지 제시하며 선택을 하라고 하지만, 친구는 매번 "잘 모르겠는데…" 또는 "아무거나"라고만 할 뿐 선택을 잘 못한다. 이런 경우 잘 통하는 비법이 하나 있다. 세 가지 중 한 가지는 빼고 생각해보라고 하는 것이다. 그 효과는 확실히 나타난다. 이래도 저래도 안 된다면, 선택의 범위를 두 가지로 좁히고 나서 동전을 던져 결정하자.

스토리를 전달하라
기억의 유통기한 늘리기 08

스토리텔링(Storytelling, 이야기 전달)의 활용 범위가 엔터테인먼트 산업을 넘어선 지 오래 되었다. 스토리텔링은 비즈니스의 수단으로서 차츰 그 영역이 확대되고 있다. 미국 국립 직업안전위생연구소(National Institute for Occupational Safety and Health)에서도 스토리텔링을 안전교육의 수단으로 활용하고 있다. 인텔(Intel), 네슬레(Nestle), 삼성 등의 대기업들은 혁신, 계획수립, 마케팅, 상품 디자인 등의 영역에 스토리텔링 기법을 적용하고 있는 중이다.

오늘날 기업들은 자신들의 이야기를 동영상에 담아 인터넷에 퍼트리고, 주제가 짧은 형식의 디지털 스토리텔링 같은 최첨단 기법을 활용하는 등 새로운 미디어에 눈을 돌리고 있다. 오늘날 많은 기업들이 간단한 스토리텔링을 통해 조직 구성원들의 동기를 자극하고 비전을 제시하며 변화를 촉구할 뿐 아니라 성과를 정량화하여 보여주고 문제를 해결한다.

스토리로 동기를 자극하고 비전을 제시하라

기업들은 또한 스토리를 활용하여 생산성을 높이고, 성과에 대해 보상하고, 비전과 가치를 제시하며, 시장에서 얻은 교훈을 되새긴다. 그리고 조직의 유산을 보존하여 조직 문화에 대한 이해를 돕고 변화를 촉진한다. 세계 최대 부호인 워렌 버핏(Warren Buffett)은 자수성가한 억만장자일 뿐 아니라 스토리텔링의 대가다. 버핏은 운이 좋아서 그런 얘기를 듣는 것이 아니다. 그럴 만한 이유가 있다. 버크셔 해서웨이(Berkshire Hathaway)의 회장 버핏은 무미건조한 사실들을 재치 있고 유머 있는 스토리로 표현한다.

미국 역사상 최고의 투자가가 스토리를 만드는 이유는 무엇일까? 우리가 가치 있는 메시지를 좀 더 잘 전달하는 법, 즉 메시지를 명쾌하게 전달하는 법을 배우는 이유와 같다. 버핏은 자신의 생각을 분명히 전달하고 사람들의 행동을 이끌어내기 위해 알기 쉽고 간단한 스토리를 만들어서 전달한다. 얼마 전 버핏이 연차보고서를 통해 주주들에게 스토리를 전달한 일을 생각해보자. 버핏은 수익성이 가장 높은 버크셔 해서웨이의 자회사이자 자신이 전액 출자한 회사 씨즈 캔디스(see's Candies)의 이익이 500만 달러에서 8,200만 달러로 급상승한 사실에 초점을 두고 스토리를 풀어갔다.

"아담과 이브가 60억 명의 인간이 존재하게끔 인류 최초의 시작을 했듯이, 씨즈 캔디스는 새로운 현금 흐름을 여럿 창출했습니다. '생육하고 번성하라(be fruitful and multiply)'는 성서의 가르침을 우리 버크셔 식구들도 진지하게 받아들여야 합니다."

따분한 사실만을 나열하기보다 재치 넘치는 스토리를 전달할 때 당신의 메시지가 사람들의 기억에 오래 남는다. 미친 듯이 정보가 교환되는 기업 조직에서도 재치 넘치는 스토리가 조직 구성원들의 기억에 끈끈하게 달라붙는다. 소위 명품 영화의 감동이 오랫동안 우리의 감정을 자극하듯이, 훌륭한 스토리는 우리가 정보와 아이디어를

따분한 사실보다 재치 넘치는 스토리가 유효하다

수용하고 보유하며 재전달하는 데 도움이 많이 된다. 그럼에도 누구나 이렇게 생각할 만하다.

"하지만 난 워렌 버핏이 아니야. 영화감독도 아니고 말이야. 더군다나 타고난 이야기꾼도 아니야."

옳은 말일 수 있다. 당신은 지금까지 여느 사람들과 마찬가지로 그냥 있는 그대로의 사실만 전달하는 식의 대화를 해왔을지 모른다. 그렇다면 그런 사람이 한순간 스토리텔러로 거듭나려면 어떻게 해야 할까? 먼저 시의 적절하게 스토리를 전달하는 일부터 시작해보자. 지금부터는 비즈니스 스토리텔링을 위한 실천지침을 소개한다.

실천지침 1 _ 긍정의 미래가 담긴 성공 스토리 전달하기

사람들 사이에서 자주 회자되는 사례를 떠올려보자. 1984년 미국 대통령 선거에서 재선에 도전한 로널드 레이건(Ronald Reagan) 대통령은 정치광고 슬로건 '미국에 다시 찾아온 아침(It's Morning Again in America)'에 성공 스토리를 담는 전략을 펼침으로써 유권자들의 압도적 지지를 받고 재선에 성공했다. 명작 같은 레이건의 정치광고 전문을 감상해보자.

"미국에 아침이 다시 찾아왔습니다. 지금, 미국 역사상 그 어느 때보다 많은 남성과 여성들이 회사에 출근할 것입니다. 사상 최고치를 기록한 1980년 당시 이자율의 반 정도 되는 이자율로 오늘날 대략 2,000만 가구가 지난 4년간 어느 때보다도 더 많이 새 집을 살 것입니다. 오늘 오후 6,500쌍의 남녀가 결혼을 할 것입니다. 그리고 그들은 인플레이션이 4년 전보다 반 이상 떨어진 지금 자신감을 가지고 더 행복한 미래를 설계할 수 있습니다. 미국에 아침이 다시 찾아왔습니다. 그리고 레이건의 리더십 아래에서 우리 미국은 더욱 자랑스럽고 더욱 강하고 더욱 살기 좋은 나라가 되었습니다. 4년 전으로 돌아가야 할 이유는 없습니다."

당신은 조직의 역사를 하나의 스토리로 생각해본 적이 있는가? 당신 조직의 역사는 조직 구성원 누구나 공감할 수 있는 최고의 스토리가 될 가능성이 충분하다. 당신의 조직이 걸어온 길을 찬찬히 되돌아보라. 조직 구성원들이 공감할 수 있는 스토리 소재를 발견할 수 있을 것이다 (앞에서 '3패턴'의 효과를 얘기했는데, 눈치 챘는지 모르겠지만, '미국에 다시 찾아온 아침' 광고 캠페인에도 '3패턴'을 따르고 있다. 마지막 부분을 유심히 살펴보자. '더욱 자랑스럽고, 더욱 강하고, 더욱 살기 좋은'이라는 문구가 눈에 띌 것이다. 이 문구가 바로 이 광고의 테마다. 전해진 이야기에 따르면, 이 문구는 본래 다른 정치 광고의 슬로건이었으며, 이 슬로건을 사용한 후보가 선거에서 승리를 거두었다고 한다).

꽂히는 말로 매료시켜라
TIPS 13

성공 스토리를 만드는 법

❶ **조직에서 이룬 성과나 자신의 리더십을 내세워라** | 조직에서 어떤 성과를 거두었는가? 그 결과 조직 구성원들은 얼마나 혜택을 얻었는가? 이 물음에 대한 답이 스토리의 목적이자 핵심 메시지가 된다.

❷ **긍정적인 미래를 담아라** | 스토리를 통해 구체적인 결과를 제시해보라. 스토리가 힘을 발휘할 것이다. 또한 스토리에 희망적인 의견과 밝은 미래에 대한 희망을 담아야 한다. 이처럼 긍정적으로 크게 바뀌는 부분을 공유하라.

❸ **심금을 울려라** | 스토리에서는 진정성이 확실히 드러나야 한다. 또한 스토리에는 사람들의 동기를 자극하는 보편적 진실이 담겨 있어야 한다. 단순히 조직의 역사를 알리는 게 아니라 조직 구성원들의 심금을 울린다는 생각으로 스토리를 만들어라.

❹ **독특한 소재로 만들어라** | 어디선가 자주 들어본 것 같은 진부한 스토리에 사람들은 귀를 막아버린다. 누군가가 했

던 이야기를 되풀이하는 모습을 보는 사람들은 속는 기분을 느끼게 마련이다. 사람들에게 친숙한 소재도 좋지만, 그보다는 사람들의 관심을 자극할 만한 독특한 스토리를 만들어야 한다.

❺ **긍정의 이야기로 마무리하라** | 사람들에게 기분 좋은 자극을 줘야 한다. 그러기 위해 스토리를 흐지부지 마무리해서는 안 된다. 뚜렷한 목적, 긍정의 교훈을 담아서 스토리를 마무리하라.

실천지침 2 _ 간결하면서 힘있는 스토리 만들기

비즈니스 부문 부동의 베스트셀러 1위를 차지하고 있는 스펜서 존슨(Spencer Johnson)의 《누가 내 치즈를 옮겼을까?(Who Moved My Cheese?)》에 대한 이야기를 해보자.

치즈에 대한 짧은 우화를 통해 지혜를 전하는 이 책은 1998년에 출간되어 비즈니스 부문에서 베스트셀러 1위를 차지했을 뿐 아니라, 세계 유명 언론에서는 반드시 읽어야 할 책으로 선정하기도 했다. 이후 많은 직장인들이 회사에서 이 책을 읽고 감상문을 쓰고 교육 세미나에서 그룹을 나누어 이 책을 가지고 토론을 벌였다. 이 책은 현대인들이 변화의 순간을 슬기롭게 대처하는 데 필요한 메시지를 전달한다. 특히 기업의 경영자들이 조직을 관리하는 데 적용할 만한 내용들을 담고 있다. 인생을 바꾼다고 하면서 이 책을 마치 성서처럼 여기는 사람들도 있다. 그러나 현편으로는 이런 얘기에 반기를 들고 '책의 내용이 너무 단순하며 누구나 다 알 만한 이솝 우화를 읽는 건 시간 낭비'라고 말하는 사람들도 있다. 그럼에도 많은 기업들이 이 책을 대량으로 구입하여 대량 해고에 대비한 직원 교육에 활용하고 있으며, 이 부분에서 많은 사람들이 이 책의 효용성을 확신한다.

이 책을 읽어볼 기회가 없었거나 굳이 읽지 않았던 사람들을 위해 줄거리를 간단히 소개하자면, 책에는 두 마리 생쥐 스니피(Sniffy)와 스커리(Scurry), 두 꼬마 인간 헴(Ham)과 허(Haw)가 등장한다. 이들은 아침 일찍 일어나 치즈를 찾으러 미로를 쏘다닌다. 그러던 어느 날 이들은 치즈로 가득한 치즈 창고를 발견하고 환호하며 눈앞의 치즈를 맛있게 먹는다. 그런데 이 시점부터 두 꼬마 인간은 나태해져서 치즈 창고에 눌러앉아 치즈만 먹지만, 두 생쥐는 여전히 부지런히 움직인다. 그러다가 이들이 치즈를 모두 먹어치워서 치즈 창고의 치즈가 바닥이 나고 마는데, 이때 두 생쥐는 망설이지 않고 텅 빈 치즈 창고를 떠난다. 그러나 두 꼬마 인간은 치즈 창고에 일어난 변화를 믿지 못하고 당황하며 "누가 내 치즈를 옮겼을까?" 하고 고민만 한다. 그러다가 허는 변화를 인정하고 다른 치즈 창고를 찾아 떠나지만, 헴은 그대로 창고에 남는다. 결론적으로 저자는 변화를 알아차리고 신속하게 대처해야 한다는 메시지를 전한다.

《누가 내 치즈를 옮겼을까?》는 1,200만 부 이상 팔렸으며, 경영의 귀재 잭 웰치(Jack Welch)나 컴퓨터 황제 빌 게이츠(Bill Gates) 같은 걸출한 리더들이 쓴 현실적이고 실용적인 경영서가 1위 자리에서 물러난 이후부터 줄곧 부동의 베스트셀러 1위를 유지하고 있다. 이 책은 간단한 우화를 통해 소중한 메시지를 전달한다. 비즈니스 분야에서 사람들에게 스토리를 전달하는 방식도 바로 이래야 한다. 간결하면서 힘있는 스토리를 만들어라.

간결하면서 힘있는 스토리를 전달하는 법

꽂히는 말로 매료시켜라 TIPS 14

❶ **스토리의 목적을 분명히 정하라** | 사람들에게 구체적으로 무엇을 전달하려고 하는가? 변화가 어떻게 일어날까? 사람들에게 어떤 교훈을 전달하고 싶은가? 스토리의 핵심 메시지를 유념하되 너무 많은 메시지를 전달하려고 애쓰

지 마라.

❷ **사람들의 귀를 고정시켜라** | 언제, 어디에서 일어난 일인지, 어떤 사건이 벌어졌는지 등 기본적인 내용들을 전달하는 것을 시작으로 하여 사람들의 이목을 붙잡아두어야 한다. 이렇게 하면 사람들은 당신이 스토리를 전하리라는 것을 눈치 챈다. 만약 스토리의 전체 그림이 잘 느껴지지 않는다면, 사람들은 관심을 잃고 어리둥절할 것이다.

❸ **불필요한 가지를 잘라내라** | 사람들이 지나치게 많은 세부 사항에 얽매이게 해선 안 된다. 스토리는 메시지를 전달하기 위한 수단이지 그 자체가 목적은 아니기 때문이다. 생각을 활발히 할 수 있을 정도로 내용을 전달하되, 쓸모없는 내용들로 사람들을 혼란에 빠뜨려선 안 된다.

❹ **실행 가능성을 따져라** | 비즈니스와 관련된 스토리를 전달할 때는 사람들이 시간과 인력, 재원을 고려하여 스토리의 메시지를 실천하도록 충분한 내용을 전달해야 한다. 사람들은 스토리에서 얻은 메시지를 어떻게 실천할까? 스토리의 메시지를 실천하지 않을 때 손실은 얼마나 발생할까? 이런 부분들을 명확히 따지지 않는다면 사람들은 당신의 메시지를 받아들이지도, 실천하지도 않을 것이다.

재미없게 말한다고 핀잔을 들은 경험이 없는지 생각해

보자. 아무리 좋은 이야기라도 미숙하게 전달하면 사람들에게 감동을 주지 못하는 법이다. 당신은 자신의 의견을 어떻게 이해시키는가? 사전에 준비를 잘 해야 하지만, 한편으로 임기응변에도 능해야 한다. 탁월한 이야기꾼은 청중이 최고로 관심을 갖는 쪽으로 방향을 전환할 준비가 늘 되어 있다.

실천지침 3 _ '준비된 자연스러움'으로 스토리를 전달하기

❶ **워렌 버핏 스타일을 따르라** | 버크셔 해서웨이의 연례주주총회에서 워렌 버핏이 연설하는 모습을 본 적이 있는가? 그는 책을 읽듯이 연설문을 읽는가? 아니면 사전 준비 없이 즉석에서 말하는 것처럼 보이는가? 물론, 그의 연설은 자연스럽게 보인다. 그런데 버핏은 즉석에서 스토리를 만들지 않는다. 사전에 어느 정도 스토리를 준비해둔다. 워렌 버핏처럼 해야 한다. 이런 모습이 '준비된 자연스러움'이다. 미리 스토리를 준비하여 자연스럽게 전달하는 것이다. '준비된 자연스러움'으로 스토리를 전달하기 위한 몇 가지 원칙을 소개한다.

❷ **말하면서 태도에 변화를 주어라** | 상황에 맞게 말할 줄 알아야 한다. 사람들이 공감하도록 스토리를 사실감 있게 전달해야 한다는 말이다. 대중 앞에서 프레젠테이션을

할 때는 연단 앞으로 나와서 사람들과 대화하듯이 프레젠테이션을 하라. 긴장한 나머지 뻣뻣한 태도를 보여선 안 된다.

❸ **내가 아닌 청중과 관련된 스토리를 만들어라** | 스토리를 듣는 사람들이 공감할 만한 내용을 준비해야 한다. 자신의 관점이 아니라 청중의 관점에서 이야기해야 한다.

❹ **적절하게 최고의 위치에 있음을 강조하라** | '최상급'이란 '최고의 위치에 있는' 또는 '누구에게도(무엇에도) 뒤지지 않는' 등급을 의미하는 말이다. 운동선수들은 왜 피나는 훈련을 할까? 그들은 신기록을 깨거나 챔피언을 이기는 것을 목표로 삼는다. 스토리를 전달할 때도 적절하게 최상급을 활용할 수 있다. 예컨대 사라(Sarah), 짐(Jim), 조안(Joan)을 두고 "사라는 최고령자이고, 짐은 아마 가장 힘이 세고, 조안은 팀에서 키가 가장 클 겁니다"라는 식으로 말할 수 있을 것이다. 사람들은 다른 사람들과 비교했을 때 자신이 최고로 대우받기를 원한다. 또한 비교해서 설명하면 이해하기 쉽다. 가령, 당신의 팀이 회사에서 가장 높은 실적을 기록했다면(또는 다른 부분에서 최고의 자리에 등극했다면), 그 부분을 강조해서 이야기한다. 사람들은 계속 귀를 열어둘 것이다.

❺ **언어적 기교를 사용하라** | 예를 들어 시에서 흔히 사용하는

두운법을 생각해보자. 두운법을 사용하는 경우, 구절의 앞 자음을 반복하여 기억을 환기시킨다. 가령, '그의 개가 강가로 가서 고기를 가지고 왔다' 라는 표현을 보면 이해하기 쉽다. 이런 식으로 언어적 기교를 사용한다면 사람들의 기억을 자극시키고 메시지를 반복해서 떠올리게 할 수도 있다.

스스로를 스토리텔러라고 생각하자. 우리는 모두 스토리텔러다. 워렌 버핏처럼 억만장자도 아니고 스펜서 존슨처럼 베스트셀러를 낸 적은 없더라도, 누구나 사람들의 귀를 열게 만들고 사람들이 즐거워하며, 그들이 교훈을 얻게 할 수 있다. 사람들이 까다로운 정보를 빨리 처리하고 그 과정에서 핵심 메시지를 쉽게 찾도록 스토리를 명쾌하게 전달하자.

Part 2에서 소개한 10가지 불통의 자세와 실천지침

다른 사람과 소통하는 자신의 성향을 되돌아보고 다음에서 제시하는 지침들을 실천해보기 바란다.

❶ 사람들을 혼란스럽게 만들거나 굳이 일을 복잡하게 만드는 경향이 있다.
| 실천지침 | 핵심 정보를 전달하라

❷ 의견을 전달할 때 시각 자료를 보여주지 않고 설명을 많이 하는 편이다.
| 실천지침 | 비교해서 보여주어라

❸ 파워포인트 슬라이드를 글자로 빼곡히 채운다.
| 실천지침 | 파워포인트를 다이어트해라

❹ 내 생각을 공유하기 위한 적절한 소셜 미디어 도구를 찾지 못했다.
| 실천지침 | 소셜 미디어로 연결하고 마음을 움직여라

❺ 사람들에게 여러 가지 선택 사항을 제시한다. 그래서 종종 사람들이 어찌할 바 모른다.
| 실천지침 | 사전에 세 가지 선택 사항을 갖춰라

❻ 사실을 중시하고 무엇이든 세세하게 설명하는 경향이 있다. 또는 광범위하게 설명하고 한 가지라도 놓치지 않으려는 마음에 너무 많은 내용을 전달하려는 경향이 있다.
| 실천지침 | 좁고 깊게 사고하라

❼ 최선의 선택 사항을 가장 마지막에 제시한다.
| 실천지침 | 선택되기를 바라는 것부터 먼저 제시하라

❽ 성공 스토리를 공유하거나 교훈적인 일화를 잘 밝히지 않는다.
| 실천지침 | 긍정의 미래가 담긴 스토리를 전달하라

❾ 이야기를 질질 끌거나 이야기를 너무 어렵게 함으로써 사람들이 혼란스러워한다.
| 실천지침 | 간결하면서 힘있는 스토리를 만들어라

⓫ 스토리를 전하거나 프레젠테이션을 할 때 경직되어 보인다.
| 실천지침 | '준비된 자연스러움'으로 스토리를 전달하라

체|크|리|스|트 ❷

소통의 달인이 되기 위한 두 번째 미션!
핵심 메시지 전달하기

핵심 메시지를 전달하여 정보 과잉을 차단하라

이른바 '정량 조절' 방식을 적용하여 정보를 관리하면, 매우 까다로운 정보들도 좀 더 쉽게 관리할 수 있다. 상대방은 당신이 전달한 정보를 보다 정확히 처리하고, 정량의 테이크 아웃 음식을 받아가듯 정제된 메시지를 습득할 것이다. 특히 꽂히는 말 한마디로 효율적으로 전달하면 빨리 이해하게 마련이다. 메시지를 효율적으로 전달해야 신속히 사람들의 마음을 사로잡고 요점을 충분히 전달할 수 있다. 자신의 생각을 효과적으로 전달하는 기술을 습득하자. 그런 기술이야말로 사람들을 움직이게 하는 힘이다.

● 의사소통 습관 1 ●
"백 번 듣는 것보다 한 번 보는 것이 낫다!"

시각은 우리에게 가장 주요한 감각이며, 사람들은 듣는 일보다 눈으로 직접 보는 것에 더 긍정적으로 반응한다. 따라서 말로만 전달하지 말고 적절하게 시각 자료를 보여주면 사람들의 이해를 도울 수 있다.

■ 실행해야 할 일

| 실천지침 1 | 비교해서 보여주어라.
| 실천지침 2 | 복잡한 파워포인트를 포기하라.
| 실천지침 3 | 소셜 미디어로 연결하고 마음을 움직여라.
| 기타 | _____

■ 고쳐야 할 습관들

_____
_____
_____

● 의사소통 습관 2 ●
"3패턴으로 말하라!"

정보를 전달할 때 '3'이라는 숫자는 최고로 강력한 효과를 발휘한다. 우리의 의식이 3패턴으로 전달되는 메시지에 잘 반응하는 것이다. 주변에서 쉽게 경험하듯이 3패턴을 활용하면 메시지를 빨리 전달할 뿐만 아니라 시간도 절약할 수 있다.

■ 실행해야 할 일

| 실천지침 1 | 사전에 세 가지 선택사항을 갖춰라.
| 실천지침 2 | 좁고 깊게 사고하라.
| 실천지침 3 | 선택되기를 바라는 것부터 먼저 제시하라.
| 기타 | _____

■ 고쳐야 할 습관들

_____
_____
_____

● 의사소통 습관 3 ●

"스토리를 전달하라!"

사람들은 자신과 관련된 이야기에 관심을 보이게 마련이다. 스토리텔링 기술이야말로 정보를 효과적으로 전달하는 최선의 방법이다. 스토리는 지루하고 따분한 정보들보다 사람들의 기억에 오래 남는다.

■ 실행해야 할 일

| 실천지침 1 | 긍정의 미래가 담긴 성공 스토리를 전달하라.
| 실천지침 2 | 간결하면서 힘있는 스토리를 만들어라.
| 실천지침 3 | '준비된 자연스러움'으로 스토리를 전달하라.
| 기타 | _____

■ 고쳐야 할 습관들

_____
_____
_____

- 나의 의사소통 방식 중 소통을 가로막는 것이 있다면 무엇이라고 생각하는가?
  _____
  _____

- 내가 ~할 때 사람들은 혼란스러워하고 내 얘기를 오해해서 잘못 받아들인다.
  _____
  _____
  _____

- 무엇이 문제라고 생각하는가?
  _____
  _____
  _____

세 번째 미션은 무엇일까?

사람들에게 자신의 의견을 효과적으로 전달하고 정보를 관리하는 법을 배웠다면, 이제 사람들의 행동을 이끌어내는 단계로 넘어가야 한다. 커뮤니케이션에 능통한 사람들의 세 번째 습관을 배워보자.

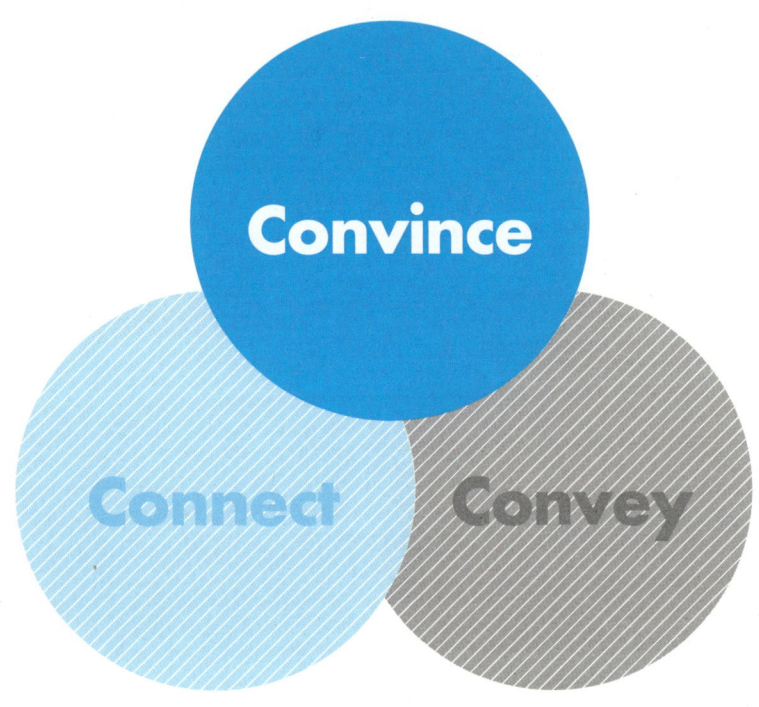

Convince
사람들을 설득하여 행동과 실천을 이끌어내라.
우리가 인생을 살며 행하는 건 딱 두 가지.
설득하거나 설득당하는 일 말고는 없다!
설득에는 진실이 담겨야 한다.
진실한 마음으로 상대를 설득하면 닫혀 있던 마음도 열리게 마련이다.

PART 3

꽂히는 말 세 번째 미션!
사람들을 설득하기

09 설득이란 무엇인가?
사람들의 행동 이끌어내기

당신은 막대한 힘을 가지고 영향력을 행사하는 인물인가? 당신은 평소 직원들에게 지시하여 일을 처리하는가? 당신은 직원들이 더 나은 성과를 내도록 동기를 자극함으로써 시간과 비용을 절약하는가? 당신은 직원들의 행동을 이끌어내어 성장과 혁신을 이룩하고 수익을 창출할 줄 아는가? 이 모든 물음에 그렇다고 답했다면, 지금 이 책을 덮어도 좋다.

설득의 힘을 깨달아라

혹시 비즈니스 전략에는 능하지만 직원들의 행동을 이끌어내는 데는 미숙하지 않은가? 아니면, 직원들과 대화를 나눌 때 직원들이 당신의 의견을 즉시 받아들이지 않아서 당황하지 않는가?

위 물음들이 바로 당신 자신의 모습이든, 전부는 아니더라도 일정 부분 당신의 모습과 비슷한 점이 있든지 간에, 위 물음의 답이 비즈니스와 삶에서 성공하기 위한 열쇠가 된다. 메시지를 명쾌하게 전달하여 사람들을 움직이는 능력이야말로 최상의 결과를 이끌어내는 리더십의 핵심 기술이다. 더군다나 시장 지배력을 빨리 쟁취해야 성공할 수 있는 지금의 비즈니스 세계에서 사람들을 설득하는 기술이 없다면 생존하기 어렵다.

이른바 권력자들은 자신들의 영향력을 이용하여 사람들을 마음대로 움직이고 원하는 것을 얻어낸다. 마찬가지로 기업 조직에서 권한을 가진 관리자라면 직원 개개인과 팀의 사기를 진작하여 좋은 성과를 거둠으로써 조직에 활력을 불어넣어야 한다. 모름지기 리더는 혼란 속에서도 일을 꼭 성사시킨다. 여기서 설득의 의미를 분명히 파악해야 한다. 먼저 설득에 관한 두 가지 흔한 오해를 이해해야 한다.

소통을 망치는 치명적 실수는 강요하기다!

첫째, 사람들을 설득하는 것이 그들을 마음대로 조정하거나 무언가를 강요한다는 의미는 아니다. 이는 속마음에 따라 달라진다. 오직 자신이 필요로 하는 것만 얻으려고 하면서 사람들을 조정하려 들고, 사람들의 사정을 고려하지 않고 제멋대로 일처리를 하게 된다. 이러다보면 사람들에게 강압적인 태도를 취하고 거짓말을 하거나 사실을 숨기게 된다.

분명한 사실이 하나 있다. 사람들을 조정하기 위해 제멋대로 행동하면 목표를 달성하기 어려워진다. 사람들의 헌신을 이끌어내는 게 아닌 오로지 복종만을 요구하고 그것을 목표로 삼기 때문이다. 결국 사람들은 마음에서 우러나와서가 아니라 마지못해 움직인다.

둘째, 사람들을 설득하기 위해 카리스마를 뿜어낼 필요는 없다. 사람들을 설득하는 능력은 노래를 잘 부르는 재능처럼 타고나는 것이 아니라 배워서 얻는 것이다. 프레젠테이션의 달인 스티브 잡스(Steve Jobs)는 록스타 믹 재거(Mick Jagger)처럼 무대를 장악하고 대중의 마음을 사로잡았지만, 사실 잡스처럼 할 수 있는 사람은 별로 없다. 설득을 잘 하는 사람들은 대개 스티브 잡스보다 마이크로소프트 회장 빌 게이츠(Bill Gates)에 더 가까울 것이다. 빌 게이츠의 프레젠테이션은 스티브 잡스와 비교되곤 하는데, 그렇다고 해서 빌 게이츠가 설득 능력이 부족하다고 말할 수 없다.

그런데 두 사람의 공통점은 설득의 비밀을 알고 있다는 점이다. 설득의 과정은 순간적인 것도 아니고 한 번 일어나고 마는 일도 아니다. 설득은 사람들의 마음을 사로잡고 사람들이 생각을 바꾸고 실천하도록 이끄는 점진적인 과정이다. 다시 말해, 설득은 사람들의 마음을 사로잡고, 핵심 메시지를 전달하고, 사람들의 행동을 이끌어내는 의사소통 과정 중 세 번째이자 마지막 단계다. 사람들의 관심을 이끌어내고 핵심 메시지를 전달했다면, 그들을 설득하는 것쯤은 문제도 아니다!

잠시 애플(Apple) 이야기를 해보자. 혹시 애플 스토어(Apple Store: 애플이 운영하는 소매점-옮긴이)에 가보았는가? 그 곳은 마치 디지털 시대의 신 개념 바(bar)처럼 보인다. 애플 스토어에 들어서면 애플이 성공한 이유를 금방 알아차리게 된다. 애플 스토어에서는 수많은 고객들이 몇 시간이고 머물면서 직원들과 대화하며 각자의 문제를 해결한다. 또한 지니어스 바(Genius Bar: 애플이 운영하는 일종의 서비스 센터-옮긴이)를 비롯한 다양한 공간에서는 아이디어와 창의적인 에너지가 넘실거린다. 애플 스토어를 경험한 사람들 중 다수가 흥분을 주체하지 못하고 입소문을 내는데, 주변의 지인들과 가족들에게 애플 제품을 구매하라고 적극적으로 권유한다.

복종을 강요하는 대신 헌신하도록 만들라!

소비자들은 왜 그토록 애플에 헌신할까? 당신도 좋아하는 브랜드가 있을 것이다. 당신이 그 브랜드를 선호하는 이유와 같다. 당신은 뭔가 특별한 것을 발견했고 그것을 당당하게 알리라고 설득을 당한 것이다. 이와 관련하여 스티브 잡스가 아이팟(iPod)을 애플 역사상 최고의 상품으로 등극시키려고 어떻게 커뮤니케이션의 세 단계(마음을 사로잡고, 핵심 메시지를 전달하고, 설득하기)를 실천했는지 생각해보자. 잡스는 먼저 소비자들의 필요와 가치를 충족하여 소비자들의 마음을 사로잡았는데, 1990년대 파일 공유 프로그램 냅스터(Napster)가 큰 인기를 끄는 것을 보고 영감을 얻었다. 당시 사람들은 냅스터를 통해 자신이 즐겨 듣는 음악 파일을 자유롭게 저장하고 공유했다. 이런 트렌드를 감지한 잡스는 애플의 기술팀에 획기적인 디지털 기기를 만들겠다는 비전을 전달했고, 마음속에 그려왔던 아이팟의 기능과 멋진 디자인을 명쾌하게 설명했다. 마침내 잡스는 엔지니어들을 설득하였고, 2001년 아이팟을 출시했다. 잡스는 어떻게 엔지니어들을 설득했을까? 당시에 그가 구상한 일은 누가 봐도 불가능한 일이었다. 잡스의 아이디어를 듣게 된 애플의 엔지니어들은 평소 꿈꿔왔던 상품을 개발했을 뿐이다.

그런데 잡스는 거기서 그치지 않았다. 잡스는 유명 가수들과 대형 음반회사들을 설득하여 오픈 직전에 있었던 아이튠즈 뮤직 스토어의 곡 목록에 대한 디지털 저작권을 얻어냈다. 잡스는 어떻게 한 것일까? 유명 음악 프로듀서 닥터 드레(Dr. Dre) 등 대중 음악계에서 명성이 자자한 사람들이 과연 자신들의 곡에 대한 저작권을 순순히 넘겨주려 할까? 그들은 아마 '죽어도 안 돼!' 라고 소리칠 것이었다. 잡스는 음반계 실세들이 마음을 바꿔서 애플과 한 배를 타도록 설득해내고 말았다. 잡스는 어떻게 해낸 것일까? 당시 대중 음악계는 저작권 침해 문제로 골머리를 앓고 있었다. 잡스는 이런 현실에 노출된 음악계에서는 지적재산권 보호 문제가 시급한 현안임을 깨달았다. 결국 잡스는 음반 수익창출 방식을 뒤바꿔놓을 신 개념 음반 서비스를 제안함으로써 음반계 실세들이 성공과 비전을 느끼도록 해주었다.

'죽어도 안 돼!' 라고 말하는 사람들을 설득하라!

만약 당신이 신규 거래를 늘리고 거래처와 협력해야 하는 영업자라면 앞서 설명한 두 가지 미션을 비롯해 사람들을 설득하는 세 번째 미션도 터득해야 한다. 여기에서는 그와 관련된 세 가지 전략을 소개한다.

사람들 앞에서 갈팡질팡하는 모습을 보인다면 자신 없는 마음을 애써 드러내는 것이나 다름이 없다. 속마음을 드러내지 않고 딱 부러지는 태도를 취하여 사람들을 설득하는 기술을 배워보자. 또한 회의에서 자신의 의견을 분명히 밝히는 법, 조건을 달거나 변명하지 않고 의견을 개진하는 법을 습득하자. 결정권을 넘겨서 사람들의 행동을 이끌어내는 법, 동료들의 힘을 활용하는 법, 판단의 근거를 제시하여 사람들이 입장을 분명히 하게 하는 법, 진지한 태도로 의견을 개진하는 법을 배워보자. 뿐만 아니라 긍정 에너지를 적절히 발산하여 확신 있는 태도로 사람들의 행동을 이끌어내는 방법도 살펴보자. 얼굴 표정만 잘 지어도 사려 깊고 편안한 이미지를 제공할 수 있다는 사실을 아는가? 반대로 사람들은 당신의 얼굴 표정을 보고 당신이 배려심이 없다고 단정할지도 모른다. 그렇다면 목소리는 어떨까? 설득력 있는 목소리 톤만으로도 상대방을 내 편으로 만들 수 있다는 사실을 아는가?

몸짓은 어떨까? 우리는 몸짓으로도 대화를 한다. 몸짓에서 호소력을 발휘하는 법도 배워보자.

무엇이 우리의 발목을 잡을까?

지금은 발신자 확인 서비스, 문자 메시지, 이메일 같은 커뮤니케이션 도구들이 속속 생겨나 과거에 비해 누군가와 소통하고 자신의 의견을 전달할 수 있는 방법이 많아졌다. 반면, 순식간에 정보가 전파되는 지금의 시대에 다른 사람의 태도와 행동, 판단에 영향력을 제공하기가 무척 어려워졌다. 따라서 재치 있게 사람들을 설득하고 자신의 아이디어와 상품, 심지어 자기 자신을 확실히 보여주는 능력을 길러야 한다. 누구보다 크게 성공하고 싶다면 설득의 달인이 되어라. 마지막으로 사람들의 행동을 이끌어내는 마지막 미션을 하나씩 살펴보자.

10 결단력을 보여줘라
횡설수설 않고 단호한 태도 취하기

평소 사람들과 대화를 나눌 때 결단력 있게 말하는 편인가? 아니면 미적지근한 태도를 보이는가? 또는 자신 있게 말하는 편인가? 아니면 의견을 내놓을 때 소심하게 구는가? 사람들은 당신의 말을 진지하게 받아들이는가? 아니면 당신의 말을 한 귀로 듣고 한 귀로 흘리는 것 같은가?

움츠리면 겁쟁이 취급을 받는다

후자에 해당한다면, 지금부터 자신감 없는 태도를 버리고 대화를 단호하게 끌어나가 보자. 겁쟁이처럼 움츠리면 겁쟁이 취급을 당하게 마련이다. 조직의 리더는 특히

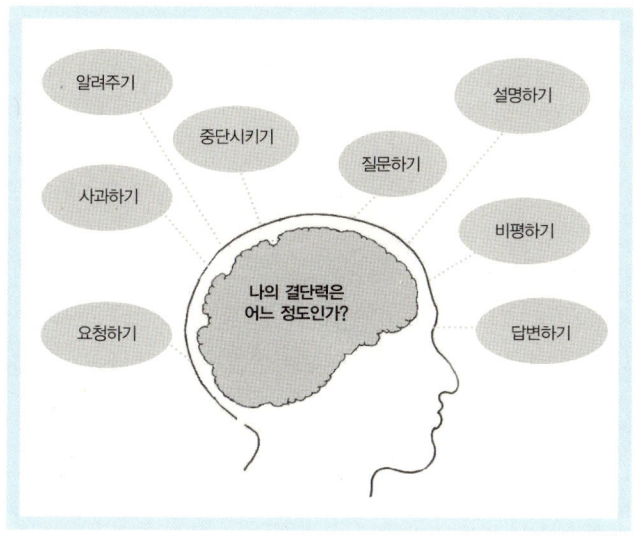

■ 당신의 결단력은 어느 정도?

한마디 한마디에 확신이 담겨 있어야 한다. 리더가 딱 부러지는 태도로 말하지 못하면 조직 구성원들에게 영향력을 행사하지 못하거니와 그들을 설득하지 못하고 당연히 목표를 달성하지도 못한다. 결단력 있는 커뮤니케이션 능력이야말로 리더십의 최고 무기임을 명심하자. 즉, 결단력 있는 커뮤니케이션 능력이 힘과 영향력이다. 의사결정을 질질 끌면서 우유부단한 모습을 보이지 말아야 한다. 그리하면 이러지도 저러지도 못하다가 제 풀에 무너지고 말 뿐이다. 이로써 자기도 모르게 자신의 설득 능력을 훼손하고 만다.

결단력 있는 태도를 보일 때 순간의 기회를 활용할 수 있고 힘든 난관을 뚫고 나갈 수 있다. 걸출한 비즈니스 리더들이 하나 같이 시의적절한 의사결정을 신속히 내리고 매사에 자신 있게 말하는 것을 보면 알 수 있다. 자신감은 주변 사람들에게 전염된다. 조직에서 당신이 자신감을 보이면, 조직 구성원들 또한 자신 있게 변한다. 그리고 당신과 당신의 기여에 긍정적으로 반응한다.

혹시 이런 일을 겪은 적은 없는가? 가령, 회의에서 당신이 의견을 냈지만 사람들이 시큰둥하게 반응했고, 시간이 지나서 누군가가 당신의 생각이 괜찮았다고 말한다. 무엇이 문제였을까? 아마도 당신은 의견을 내놓을 때 확신 있게 말하지 않았을 가능성이 크다. 또한 말을 얼버무리면서 우유부단한 태도를 보였을지도 모른다. 좀 더 결단력 있게 말했더라면 사람들은 당신의 말에 넘어갔을 것이다. 당신에게 믿음이 생겼을 테니까.

자신의 아이디어를 인정받고 싶다면 태도를 조금만 바꾸면 된다. 어렵지 않다. 단호한 자세를 보여주면 된다. 이를 유념하지 않는다면 스포트라이트가 다른 사람에게 넘어갈 것이다.

말을 자주 바꾸면 신뢰를 잃는다

여성들이 남성들에 비해 자신감 없는 태도를 많이 보인다고 말하기 어렵다. 결단력 있는 태도를 보이는 것은 성별에 국한된 문제가 아니다. 평소 맺고 끊는 것이 분명해야 오해의 소지가 생기지 않는다. 대충 얼버무리고 모호한 태도를 보이면 신뢰를 스스로 갉아먹게 마련이다. 당신은 사람들과 대화할 때 마음이 잘 흔들리는 편인가? 평소 우유부단한 태도를 보이는 사람들은 흔히 다음과 같은 모습을 나타낸다.

- 사람들의 허락을 구하기 전에는 아무 일도 못한다.
- 자신의 생각을 잘 밝히지 않는다.
- 다른 사람들을 통해 사실을 확인한다.
- 스스로에게 자신이 없어 보인다.
- 의견충돌을 두려워하고 비판을 받기 싫어한다.
- 대립하지 않으려고 상대방에게 양보하거나 상대방의 비위를 맞춘다.
- 변명일색이다.
- 이의가 제기되면 즉시 주장을 굽힌다.

결단력 있는 모습을 보이려면 어떻게 해야 할까? 가장 먼저 자신감을 가져야 한다. 상대방을 설득하려면, 스스로 확신에 찬 모습을 보여야 한다. 결단력을 보여주면 다음과 같은 결과가 나타난다.

- 사람들이 당신의 의견을 더 잘 이해한다.
- 힘과 영향력을 얻는다.
- 사람들이 당신의 아이디어를 신뢰한다.
- 회의의 효율성이 더 높아진다.
- 어물거리지 않아서 시간이 절약된다.
- 아닌 것은 아니라고 확실히 말한다.
- 사람들의 동의를 빨리 얻어낸다.
- 소극적인 태도에서 적극적인 태도로 바뀐다.

어떤 유형의 커뮤니케이션을 하든지 단호한 태도를 취하라. 그리고 사람들을 설득하기 위해 상황을 잘 고려해야 한다. 지금부터 좀 더 결단력 있는 자세로 상대방을 설득시키는 실천지침을 소개한다.

실천지침 1 _ 말끝에 꼬리를 붙이거나 말끝 흐리지 않기

사람들은 흔히 자신이 한 말에 대하여 확인을 받기 위해 무심코 말끝에 사실을 확인하는 질문을 던지기도 하고, 상대방의 제안을 받아들이기 싫을 때면 말끝을 흐리기도 한다. 이런 태도를 보인다는 것은 자신의 의견이나 자신이 처한 상황, 또는 스스로를 확신하지 못함을 인정하는 것이다. 이처럼 확신 없이 말하고 자신감 없는 태도를 보여서는 상대를 설득할 수 없다.

다시 말해, 말끝에 꼬리를 붙이거나 말끝을 흐려봤자 사람들의 행동을 이끌어내지 못하는 결과만 얻을 뿐이다. 최악의 경우 나와 다른 생각을 가진 사람들로부터 공격받을 수 있다.

제인(Jane)은 말끝마다 자신의 말을 확인하는 습관이 있다. 그녀의 일상 중 한 시간을 들여다보자. 가령, 상사와 얘기할 때 그녀는 자신의 의견이 옳다는 것을 증명이라도 하듯이 이렇게 말하곤 한다. "이렇게 하면 좋겠네요. 안 그래요?" 팀 동료에게는 재차 확인하는 물음을 던지면서 불확실한 태도를 보인다. 이런 식이다. "회의를 취소하고 오후에 이것을 처리해야겠어…. 그래야겠지?" 그리고 믿기 어려울 정도로 우렁찬 목소리로 전화통화를 하는 옆자리 동료에게는 힘없이 이렇게 말한다. "집중하기가 좀 힘드네…. 무슨 말인지 알겠지?"

제인처럼 말끝에 꼬리를 붙일 때 흔히 다음과 같이 말한다.

"… 그렇지 않나요?"
"… 안 그래요?"
"… 알겠죠?"
"… 괜찮죠?"

간단한 말 한마디로 꼬리를 붙이지만, 그로 인해 엄청난 결과가 초래된다. 의사결정을 내리지 못하고 확인하거나 허락을 구하는 인상을 풍겨서 설득력을 상실하고 마는 것이다.

당신이 입장을 분명히 밝히지 않는데 상대방이 설득을 당할 이유가 있을까? 심지어 "제 이름은 코니(Connie)이구요? 수석 커뮤니케이션 강사이구요?"라는 식으로 말끝을 올리면서 말을 질질 끄는 사람들도 있다.

말끝에 꼬리를 붙이면 우유부단한 인상을 준다

말끝에 꼬리를 붙이는 태도가 무조건 나쁘다는 건 아니다. 말끝을 흐려서 설득력을 발휘하는 경우도 있다. 반대로 확신 있는 태도를 보였다가 역효과를 부르는 경우도 있다. 협조를 구할 때는 말끝에 꼬리를 붙이는 표현이 오히려 도움이 되기도 한다. 문제는 목적을 가지고 있는가 하는 것이다. 커뮤니케이션의 달인들은 말을 장황하게 늘어놓지 않으면서도 일부로 거듭 확인하는 물음을 던져 목적을 달성한다. 적절한 시점에 단호한 태도로 말하면서 동의를 구하고 합의를 이끌어내는 것이다. 반면에 커뮤니케이션에 미숙한 사람들은 대화 상대방이 확인해주기를 바라는 마음으로 말끝에 꼬리를 붙이는 경우가 많다. 그러면 말끝을 흐리는 태도가 어떠한지 사례를 살펴보자.

"내가 전문가는 아니지만… 그런데…."
"내 잘못일지 모르지만…."
"이런 뜻으로 말한 것 같은데…."
"그런 느낌이 나는 것 같기도 하고…."
"난 도와주는 사람일뿐인데, 그런데…."
"이렇게 느끼는 사람은 나밖에 없는 것 같아… 그런데…."

습관적으로 말끝을 흐리면 말에 자신이 없다는 인상을 준다. 다시 말해, 속마음을 감추고 확답을 주지 않으려고 발뺌하는 모습으로 비친다. 말을 빙빙 돌려봤자 자신의 의견에 아무런 도움도 안 되고 자신의 위신만 떨어뜨린다. 간단히 말해서, 말을 얼버무리면 우유부단하고 소심하게 보인다. 흔히 반대 의견을 내놓기 싫어서 변죽만 울리기도 하는데, 그렇게 해서는 자신의 주장을 절대로 관철하지 못한다. 생각 없고 자신감 없는 인상을 제공하기 때문이다.

한편, 전략적으로 일부로 말을 빙빙 돌리는 경우도 있다. 대화를 하다보면 상대방을 설득하기 위해 적당히 얼버무려야 경우도 있는데, 주로 다음과 같이 다소 불확실한 어투의 표현을 사용하기도 한다.

- ……일지 몰라.
- 어쩌면 … 일 거야.
- …라는 생각이 들어.
- …인 것 같아.
- …해도 좋았을 텐데.
- 아마… 한 듯해.
- …처럼 보여.

습관적으로 말끝에 꼬리를 붙이거나 말끝을 흐리지 않는지 스스로를 점검해보자. 스스로에게 이렇게 물어보자. 사람들을 설득하기 위해서일까? 자신감이 없어서일까? 후자라면 말끝 흐리는 습관을 고쳐야 한다.

실천지침 2 _ 회의 시간에 의견 밝히기

회의 시간에 침묵으로 일관하지는 않는가? 대개 자신감이 부족하면 회의 시간에 한마디도 내놓지 못하는데, 장시간 침묵만 지키다가 자신의 신뢰를 떨어뜨리는 사람들이 많다.

돈(Don)도 이런 일을 겪었다. 돈은 어디를 가나 대화를 잘 하는 편이었지만, 자신보다 높은 사람들 앞에서는 입을 잘 열지 못했다. 돈은 경영진 앞에서 말을 얼버무리곤 했다. 한 다국적 기업의 본사에서 일하는 돈은 이사로 10년 동안 근무한 뒤로 부사장으로 승진할 때가 되었다고 생각했다. 하지만 돈은 사내에서 부사장감으로 인정받지 못했다. 임원회의에 참석할 때마다 늘 꿀을 먹은 벙어리마냥 침묵만 지켰기 때문이다. 회의 시간에 돈이 침묵을 지키는 이유가 궁금했던 돈의 상사는 두 가지 가능성을 생각했는데, 그가 생각이 없거나 회의 시간에 말하는 법을 모른다고 짐작했다. 두 가능성의 차이를 잘 따져봐야 한다. 전자의 경우라면 승진하지 못할 것이고, 후자의 경우라면 문제를 해결하면 승진할 수 있다. 알고 보니 돈은 상사들 앞에서 실수를 할까봐 두려워서 스스로를 억눌렀던 것이다. 즉 그는 경영진 앞에서 임원다운 모습을 보이지 못한 것이다. 하지만 돈은 나의 조언을 듣게 된 이후로 어느 누구보다 회의 시간에 의견을 자유롭게 내놓았고 마침내 부사장으로 승진할 수 있었다.

안(Ann)도 한 비영리 단체의 이사회에 회원으로 참여한 뒤로 비슷한 일을 겪었다. 안은 그 단체의 50년 역사를 통틀어 최초이자 유일한 여성 이사회 회원이었다. 처음 두 차례 열린 이사회 회의에서 안은 아무 말도 하지 않고 자리만 지켰다. 두 번째 회의가 열린 날이었다. 그 날도 안은 침묵을 지켰다. 그런데 회의가 끝나자 이사회 의장인 잭(Jack)이 안을 불러서 말했다.

"안, 무슨 일 있어요? 왜 아무 말도 하지 않습니까? 당신을 이사회에 추천한 것은 안 씨의 이야기를 많이 듣고 싶어서였어요."

그러자 안은 이렇게 대답했다.

"글쎄요, 의장님. 잠시 시간을 두고 이사회가 어떻게 돌아가는지 전반적으로 파악하고 싶었어요."

다시 잭이 말했다.

"그럴 시간은 지났어요. 다음 회의 때도 벙어리마냥 앉아만 있는다면 생각 없고 별 볼일 없는 사람이 될 거예요."

이 일을 계기로 안은 한 가지를 깨달았다. 회의 시간에 말하는 태도에서 임원으로서의 역량이 드러난다는 사실을 말이다. 한 가지 더, 안은 사람들이 자신을 부정적으로 평가하면, 의견을 지지할지의 여부를 쉽게 결정한다는 사실도 알게 되었다.

회의 시간에 의견을 명확히 밝히는 법

❶ **'준비된 자연스러움'을 유지하라** | 새로운 환경에 놓이면 마음이 불안하고 모든 것이 불확실해 보이게 마련이다. 이런 상황에 놓여 있다면 회의에서 할 이야기를 미리 준비해 두어라. 회의 안건도 미리 검토하고 중요하게 얘기할 만한 내용도 찾아둔다. 이렇게 자연스러운 태도를 갖추고 마치 즉석에서 의견을 제시하는 모습을 보인다면 사람들은 존경심을 나타낼 것이다.

❷ **단도직입적으로 말하라** | 무언가를 요청하거나 부하직원들에게 지시사항을 전달할 때 모호한 태도를 취하지 마라. 단도직입적으로 얘기하라. 말끝을 흐리거나 우물쭈물하면, 사람들은 당신의 요구와 지시시항을 소홀하게 생각하거나 흘려서 들을 수도 있다.

❸ **반대 의견을 내게 하라** | 반대 의견을 가로막다보면 자신감이 없거나 거만한 인상을 풍길 수 있다. 사람들이 반대 의

견을 내게 하라.

❹ **당당하게 나서라** | 미리 안 된다고 지레짐작하지 말고 자신의 직감을 믿고 당당하게 나서라. 움츠러들지 말고 단호한 어조로 의견을 제시하라.

❺ **멘토의 조언을 실천하라** | 커뮤니케이션을 할 때 맺고 끊는 것이 확실한 사람을 멘토로 삼아라. 자신의 의사소통 방식이 어떠한지 멘토에게 조언을 구하라. 더욱 확신 있고 설득력 있는 태도를 갖추는 데 도움이 될 것이다.

실천지침 3 _ 진지한 태도로 의견 내놓기

누군가의 의견에 동의하든 반대하든 의견을 개진할 때는 자신 있고 성실한 태도로 임해야 한다. '좋은 게 좋다'는 식으로 무슨 말이나 수용해서는 안 된다. 하나 더, 이른바 '이래도 흥 저래도 흥' 해서는 안 된다. 그렇게 하다가 상대하기 쉬운 사람으로 비칠 수 있다는 점을 명심하자. 이는 모두 진심에서 우러나오는 태도가 아니며, 차츰 불성실한 모습으로 드러나게 마련이다. 진지하게 의견을 제시하라.

그렇다면 특히 진지하게 대화에 임해야 하는 경우는 언제일까? 대화 상대방에게 잘못을 사과하는 경우다. 세심한 태도로 사과해야 신뢰를 유지하고 사람들을 설득하여 긍정적인 행동을 이끌어낼 수 있다. 아무 일도 아닌 듯이 건성으로 사과해서는 안 된다. 사소한 일로 사과를 반복하는 사람들도 있는데, 이런 태도는 소심한 인상을 불러일으킨다. 뒷일이 두려운 나머지 했던 말을 서둘러 바꾸는 태도 또한 불성실한 행동으로 비쳐진다. 이런 행동은 자신에게 이롭지 않다. 지나치게 굽신거리며 사과하거나 때와 장소를 가리지 못해도, 상대방의 마음을 움직이지 못하고 오히려 역효과만 일으킨다. 해법은 사과의 기법을 이해하는 것이다. 다음 단계들을 따라가보자.

진심을 담아 적절히 사과하는 법

꽂히는 말로 매료시켜라
TIPS 16

❶ **발뺌하지 마라** | 문제가 생겼을 때 체면을 세우려고 반사적으로 발뺌하고 싶은 마음이 들 수도 있다. 하지만 자신의 잘못이 아니라고 발뺌해봤자 무신경하다는 인상만 심어준다. 진심을 담아 사과를 할 때 인간관계와 평판을 회복할 수 있다. 따라서 사과할 때에는 잘못을 시인하고 진심으로 용서를 구하는 모습을 보여야 한다.

❷ **감정에 호소하라** | 상대방의 감정에 호소할 수 있는 부분을 찾아라. 예컨대 무책임한 행동을 했다고 질책을 받는 경우 '생각이 부족했다'고 말하며 사과해보라.

❸ **해법을 설명하라** | 자신의 잘못을 바로 잡을 해법이 있다면 그것을 어떻게 실천할 것인지 제대로 설명하라. 이렇게 하면 문제의 소지를 미리 차단할 수 있다.

❹ **상대방을 이해시켜라** | 사과는 재빨리 미안하다고 말하는 행동 이상을 의미한다. 잘못을 충분히 인정하고 실수를 반복하지 않겠다는 뜻을 상대방에게 분명히 전달해야 한다.

❺ **상대방의 탓으로 돌리지 마라** | 잘못을 상대방 탓으로 돌리는 사람은 오만하고 위선적으로 보인다. 내 잘못이 아니라는 식으로 말하지 마라. 당신이 의도하지 않아도 이미 마음이 상해버린 상대방은 남 탓하는 당신의 말에 민감하게 반응할 것이다. "제가 실수했습니다. 사과드립니다"라는 식으로 잘못을 솔직히 시인하는 편이 더 낫다.

❻ **사과는 가급적 빨리하라** | 사과는 최대한 빨리 해야 한다. 인터넷 시대인 오늘날, 당신이 잘못을 뉘우치기도 전에 당신에 대한 악소문이 인터넷에 퍼질지도 모를 일이다. 또는 당신이 잘못을 저질러놓고도 뻔뻔하게 발뺌한다고 사람들이 생각할 수도 있다.

❼ **지나간 실수에 집착하지 마라** | 실수한 일에 너무 신경을 쓰거나 사람들에게 자신의 잘못을 계속 환기하지 마라. 차라리 잘못을 바로잡는 데 에너지를 쏟아라. 지나간 일에 너무 매달리면 다가올 일에 차질이 생기게 마련이다.

❽ **불난 집에 부채질하지 마라** | 상대방의 기분은 아랑곳하지 않고 "심각하게 받아들이지 마세요"라고 하거나 "기분 나쁘게 생각하지 마세요"라고 말하는 것은 소위 '수동-공격적' 태도라고 할 수 있다. 이런 식으로 말해봤자 역효과만 생긴다. 나는 의도하지 않았지만 상대방은 공격을 당한다고 오해할 수 있다. 따라서 말을 빙빙 돌리지 말고 잘못을 솔직하게 시인하며, 겸손하되 단호하게 요점을 말해야 한다.

지금이 바로 결단력 있는 태도를 갖춰야 할 때다. 쓸모없는 말을 늘어놓거나 말을 바꾸지 마라. 요컨대, 확신을 가지고 의사소통을 하라. 사람들의 동의와 지지를 얻게 될 것이다.

11 결정권을 넘겨라
복종이 아닌 헌신 이끌어내기

조직을 관리하는 차원에서 말해보자. 결정권을 넘기라는 말은 의사결정 권한을 직원들에게 넘겨서 직원들이 스스로 판단하고 결정하게 하라는 의미다. 결정권을 넘기면 직원들 개개인과 조직에 엄청난 변화가 생긴다. 스스로 목적을 가지고 노력하는 태도와 마지못해 하는 태도는 엄청난 차이의 결과로 나타난다. 의사결정권을 가짐으로써 직원들은 모든 일에 책임 있는 행동과 자세를 갖추게 된다.

스스로 움직이도록 동기를 자극하라

이는 탁월한 영업 책임자가 실적을 올리는 비결이며, 위대한 비즈니스 리더들이 조직 구성원들로 하여금 목표를 달성하고 권력투쟁을 극복하도록 이끄는 비법이다. 1980년대 크라이슬러의 회장이자 CEO를 맡아서 회사를 부활시킨 리 아이어코카(Lee Iacocca)는 이 비법을 실행하는 면에서 타의 추종을 불허했다. 아이어코카는 직원들이 맡은 바 임무를 다하고 회사의 성공에 기여하도록 동기를 자극했다. 그는 또한 뛰어난 화술로 직원들이 스스로 움직이게 했다. 자신의 베스트셀러《진정한 리더는 어디에 있는가(Where Have All the Leaders Gone)》에서 밝혔지만, 아이어코카는 직원들에게 결정권을 넘기고 곤란을 극복하기 위해 다음과 같이 말했다고 한다.

"우리 앞에 어려운 일이 있습니다. 어마어마한 도전입니다. 그래도 우린 함께 해낼 수 있습니다. 직원들, 딜러들, 협력회사들, 노조, 정부, 모두가 필요합니다. 우리는 여러분에게 도움을 요청합니다."

다른 직원들이 개별적으로 또는 집단적으로 당신을 배제하거나 넘어뜨리려 한다면 당신은 리더일지라도 힘을 잃게 될 수도 있다. 또한 당신은 어떤 지시사항이나 요구를 직원들이 이행하도록 강요할 수 있겠지만, 직원들은 그들 나름대로 판단해서 책임을 피하거나 다른 직원들에게 일을 어느 정도 떠넘길지 모른다. 따라서 직원들이 스스로 의무와 책임을 다하도록 하는 것이 훌륭한 리더십이다. 이런 차원에서 볼 때 직원들에게 의사결정권을 넘겨주면 그들의 사기를 진작하고 인재의 유출을 막으며 생산성을 향상시켜 매출을 크게 높일 수 있다. 이런 결정은 당신의 리더십을 더욱 강화시키는 결과로 돌아올 것이다.

스스로 판단, 결정하게 하라

전제를 하나 두고 시작해보자. 자아발견은 가장 설득력 있는 주장이다. 즉, 사람들이 스스로 의사결정을 내렸다고 생각할 때 그 메시지는 설득력을 발휘한다. 그래서 사람들에게 스스로 판단하게 하는 등 결정권을 넘길 때 긍정적인 결과를 얻을 가능성이 높아진다.

필 나이트(Phil Knight) 회장이 이끈 나이키(Nike) 이야기를 해보자. 나이키의 광고는 '스스로 판단하고 결정하게 하라'는 원칙을 가장 잘 보여주는 사례다. 나이키의 광고에서 제품을 구매하라는 내용을 보았는가? 그런 내용은 본 적이 없을 것이다. 나이키 광고를 보면 정상급의 스포츠 스타들이 나이키 제품을 착용하고 그들의 숨겨진 힘을 발휘하는 장면이 나온다. 이런 장면을 보여주면, 나이키 제품을 구매해야 할지 말지 소비자들이 스스로 판단하게 하는 것은 물론, 나이키 제품이 성과를 높이는 데 도움이 된다는 메시지도 명쾌하게 전달된다.

 세계적인 명성을 자랑하는 호텔 기업 리츠칼튼(Ritz-Carlton) 또한 이 전략에 아주 정통하다. 리츠칼튼의 직원들은 매일 모여서 그들의 슬로건 '저희는 신사숙녀 여러분을 모시는 신사숙녀들입니다'를 비롯해 회사의 핵심 가치를 두고 서로 의견을 나눈다. 이렇게 직원들이 스스로 생각을 나누게 함으로써 따뜻하고 진심어린 서비스라는 회사의 핵심 가치가 경영진으로부터 서비스 현장의 직원들에게 이르기까지 확실히 전달된다. '진심어린 환대, 쾌적함, 최상의 경험 제공'이라는 그 유명한 리츠칼튼의 황금표준도 어느 정도는 이런 전략적 기반 위에서 정립되었다. 이로써 직원들과 고객들 모두 끈끈한 관계를 맺고 잊지 못할 체험을 하게 된다.

권한을 위임하면 일이 빨라진다

사례를 하나 더 들어보자. 주방용품이나 화장품, 심지어 성 기구 등을 가정에서 판매하는 '홈 파티(home party)'에 대해 들어봤을 것이다. 다단계 홈 파티 회사들이 운영하는 비즈니스 모델은 파티에 지인들을 불러 모으는 '파티 호스트'가 회사 대신 결정권을 행사하는 형태였다. 사람들은 왜 '홈 파티'에서 물건을 살까? 물건을 사야 한다는 의무감을 느끼기 때문이다. '홈 파티'에 참석한 사람들은 와인과 치즈를 사려고 파티에 참석하고, 자잘한 물건이라도 사고 나서야 자리를 뜬다. 이처럼 직접 판매를 하는 기업들은 주로 사업자들이 가족과 친지 등의 인맥을 동원하고 지인들이 물건을 사야 한다는 의무감을 느끼게 만드는 마케팅 전략을 구사한다.

단지 조직을 이끌고 호텔을 운영하거나 '홈 파티'를 열어 물건을 팔기 위해 결정권을 넘기라는 말이 아니다. 언제, 어디서나 이 전략을 활용하여 사람들을 설득하고 그들의 행동을 이끌어내자는 말이다. 이제 결정권을 넘기는 세 가지 실천지침을 살펴보자.

실천지침 1 _ 동료들의 힘 이용하기

굳이 말하자면, TV 인포머셜 광고에서도 배울 점이 있다. 광고주들은 상품에 대한 판단을 우리의 마음과 정신에 떠넘겨서 어마어마한 수익을 창출한다. 오해를 없애기 위해 하나만 분명히 해둔다. 별 볼일 없는 물건을 뻔뻔하게 포장하는 과장 광고에 빠져도 된다고 말하는 것이 아니다. 오히려 정반대다. 동료들의 힘을 활용하여 사람들을 움직이는 기술을 습득해야 한다는 점을 말하는 것이다.

기업들은 만능냄비, 보정속옷, 건강식품, 화장품 등 온갖 물건을 판매하는데, 물건의 성능을 극찬하는 장면을 광고에 집어넣는다. 물건을 써본 사람들이 물건을 칭찬하고 입소문을 내는 것이 매출에 큰 영향을 미친다는 걸 잘 알기 때문이다. 광고에 나오는 사람들은 열을 올리며 물건의 성능을 칭찬하는데, 그 과정에서 그들의 느낌을 소비자들에게 전달하는 것이다. 물론, 이처럼 일반인들이 상품을 홍보하는 행위가 모두 공정하다고 볼 수는 없다. 이런 광고 전략이 효과가 좋다보니 이를 따라하는 광고가 많이 생겨났다. 지금은 이런 광고에 배우들도 많이 출연한다. 소비자들은 그들의 선의에 설득을 당한다.

이제 기업에서 동료들의 힘을 이용하는 방법에 대해 살펴보자.

동료들의 힘을 활용하는 법

꽂히는 말로
매료시켜라
TIPS 17

❶ 핵심 실세들의 협력을 이끌어내라 | 회사에서 다른 직원들에게 긍정적으로든 부정적으로든 영향을 미치는 직원들이나 이해관계자들을 찾아보자. 그들과 함께 모인 자리에

서 당신의 생각을 전달하기에 앞서, 그들의 협력을 확실히 이끌어내라. 그들은 당신과 다른 직원들을 이어주는 다리 역할을 할 것이다.

❷ **신뢰가 두텁고 인기 많은 사람들과 교류하라** | 지난 미국 대통령 선거에서 오프라 윈프리(Oprah Winfrey)는 그녀의 동료들이 버락 오바마(Barack Obama)에게 힘을 보태도록 역할을 했다. 사실인 즉, 윈프리는 그녀의 트위터 팔로워들이 오바마의 유세장으로 향하도록 유도하였고, 결국 그런 지원이 투표로 이어졌다. 어떻게 된 일일까? 윈프리의 팔로워들이 오프라를 믿었기 때문이다. 우리 또한 그녀처럼 할 수 있다. 신뢰가 두텁고 인기가 많은 사람들을 우리의 지원군으로 만들면 된다.

❸ **회의에서 자신의 지원군과 대화하라** | 오프라 윈프리의 토크쇼를 본 적이 있을 것이다. 윈프리는 초대 손님과 얘기하다가 청중과 직접 얘기하는 식으로 쇼를 진행한다. 윈프리처럼 두 대상과 번갈아가며 대화하는 방식을 활용해보자. 가령, 회의에서 모든 참석자들을 향해 얘기를 했다가 당신을 지지하고 돕는 핵심 실세와 집중 대화해보자.

❹ **동료들이 입장을 밝히게 하라** | 사람들은 공개된 자리에서 입장을 밝힐 때면 솔직하게 의사결정을 내리는 경향이 있다. 배심원으로 활동한 적이 있는가? 법정에서 거수투표

를 하는 배심원들은 자신들의 입장을 고수하게 마련이다. 사람들의 이런 성향을 잘 활용하여 당신을 지지하는 사람들이 목소리를 크게 냄으로써 당신에게 확실히 협력하도록 만들라.

❺ **'팁 항아리'를 준비하라** | 재치 있는 바텐더들은 지폐가 담긴 팁 항아리를 손님들 눈에 잘 띄는 곳에 놓아둔다. 이들은 팁 항아리가 '사람들이 팁을 내고 있고 당신 또한 팁을 내야 한다'는 사실을 암시한다는 것을 잘 알고 있다. 이들처럼 일종의 '팁 항아리'를 준비해 두고 당신과 당신의 아이디어에 대한 의견을 써서 그 안에 넣어달라고 요청해보자. 당신의 아이디어가 도움이 된다는 얘기를 글로 쓰다보면 당신을 지지할 가능성이 높아진다.

❻ **자기 자신부터 설득하라** | 자신의 생각에 자신조차 동의하고 지지하지 않는다면 어떻게 될까? 눈치 빠른 사람들이 그 사실을 알아채고 그에 합당한 행동을 할 것이다.

실천지침 2 _ 판단의 근거 제시하기

세계 최악의 대참사 9.11 테러 사건이 발생했을 때 뉴욕 시 시장이었던 루디 줄리아니(Rudy Giuliani)는 이 전략을 탁월하게 활용했다. 줄리아니는 테러가 발생한 후 가장 중요한 위치에서 극한의 혼돈을 수습해나갔다. 그는 자신의 판단을 끊임없이 시민들에게 알린 것은 물론, 자신의 판단 근거를 제시하면서 위기를 안정적으로 극복해나갔다. 줄리아니의 리더십이 힘을 발휘한 이유는 무엇일까? 위기 상황에서 그가 내린 판단 하나하나에는 자신감이 넘쳤다. 만약 그러지 못했더라면 시민들은 대부분 최악의 가능성을 떠올리며 공포에 떨었을 것이다. 조직에서도 자신감 넘치는 판단을 내려주는 리더가 필요하다. 물론 그와 같은 리더가 다른 사람이 아닌, 바로 당신이기를 기대한다.

업무에 협조하지 않는 직원들을 다루는 비법이 있는지 경영자들에게 물어보면, 먼저 직원들에게 업무를 맡긴 이유와 함께 그들이 근거를 알려준다는 대답이 많이 나온다. 이것이 바로 집단의 협력을 이끌어내는 방법이다. 문제가 무엇이며, 문제를 해결해야 하는 이유를 분명히 할 때 좀 더 수월하게 판단의 근거를 제시할 수 있다. 지금부터 판단의 근거를 제시하는 기법들을 배워보자.

판단의 근거를 제시하는 법

❶ **신속히 나서서 판단의 근거를 제시하라** | 사람들이 자의적으로 판단을 내리도록 내버려두지 마라. 사실을 모르거나 잘못 알고 있는 사람들이 당신의 생각이나 판단이 별 볼

일 없다는 얘기를 퍼뜨리도록 놔두지 마라.

❷ **분명하게 설명하되 문제를 뜯어 살피지 마라** | 팀에 닥친 어려운 상황을 직원들에게 설명하는 경우, 문제를 상세히 분석하지 말고 문제를 해결하기 위해 무엇을 하고 있는지 중점적으로 설명하라. 바다에 피를 뿌리면 상어 떼들이 당신을 두 동강 낼 것이다.

❸ **문서로 작성하라** | 의사결정한 사항은 문서로 작성할 때 현실성을 가진다. 직원들이 그 문서를 보고 확신을 가지게 된다. 문서로 작성하지 않은 사항은 실효성이 없다.

❹ **직원들도 문서로 작성하게 하라** | 직원들도 직접 문서로 작성할 때 실제로 결정권을 행사하게 된다. 그렇게 해야 권한 위임의 효력이 발생하고 직원들이 문서에 작성한 내용대로 행동하고 실천한다. 문서로 작성하는 일도 헌신을 이끌어내는 방법이다.

❺ **자신의 생각을 숨기지 마라** | 자신의 생각을 숨기지 말아야 한다. 업무를 하다보면 마음과 달리 다른 사람의 생각이나 주장을 지지해야 하는 상황이 닥치게 마련이다. 자신의 신념이나 가치에 어긋나는 부분은 되도록 솔직하게 밝혀야 한다.

❻ **복종시키지 말고 스스로 판단하게 하라** | 직원들을 압박하거나 몰아붙이지 마라. 인내심을 가지고 직원들이 스스로

판단할 때까지 기다려라.

실천지침 3 _ 결정권이 자연스럽게 넘어가게 하기

인터넷이 모든 것을 바꿔놓은 오늘날, 권한 위임도 양방향으로 이루어지고 있다. 인터넷이 없던 시절의 경영자들은 보고서를 받고 연례회의에서 지시사항을 하달하는 방식으로 조직을 이끌었다. 쌍방향 소통이 가능해진 지금은 대부분의 사람들이 자신의 얘기를 들어줄 청중을 찾아서 정보를 전달한다. 예컨대 지구 반대편 지역으로 출장을 간 상사가 인터넷 상에서 직원들과 업무를 협의하기도 하며, 상사와 직원들이 사내 인트라넷을 통해 업무를 공유하고 처리하는 일이 일반적인 현상이 되었다.

결정권이 자연스럽게 넘어가게 하는 법

❶ **직원들과 소통하고 직원들이 목소리를 내게 하라** | 소통의 장벽을 무너뜨려라. 인터넷 채팅을 통해 직원들의 질문에 답변하는 것도 좋은 방법이다. 관리자가 먼저 시작해야 직원들이 따라온다. 나중에 허를 찔리지 말고 직원들과 소통해라. 소통하지 않으면 직원들의 마음을 이해하기 어렵고 갈등을 겪을 수밖에 없다. 소통은 원활한 관계를 맺는 최선의 방법이다.

❷ **직원들의 의견에 답하라** | 소통은 주고받는 일이다. 직원들은 의견을 내고 나서 그에 대한 피드백을 기다리게 마련이다. 직원들의 의견을 무심코 지나치지 마라. 어떤 의견이든 수용하고 실행 가능한 대안을 제시하라.

❸ **인터넷에 올라온 글을 모니터링하라** | 직원들이 인터넷 상에서 자신과 관련된 이야기를 주고받고 있다면, 그 내용을 어떻게 확인할까? 인터넷에 올라온 글들을 이메일로 업데이트 해주는 프로그램들이 많다. 이를 활용하거나 채팅룸, 게시판 등에 직원들이 새로 게시하는 글들을 확인하라. 직원들이 무엇에 만족하고 어떤 부분에서 불만을 가지고 있는지 알게 될 것이다.

❹ **Q&A 시간을 잘 활용하라** | 회의에서는 항상 질문하고 대답하는 시간을 가진다. 직원들의 질문에 대해서는 직원들의 협력을 이끌어내는 차원에서 답변을 하라.

❺ **긴박감을 높여라** | 우리는 늘 일에 파묻혀서 목숨과도 같은 마감을 지키기 위해 애쓴다. 마감기한을 정해 긴박감을 조성하라. 또한 일의 우선순위를 정해 중요한 일부터 처리하도록 유도하라.

❻ **친절의 표시를 하라** | 자선단체들이 이 기법을 잘 활용한다. 발신인의 실제 이름과 이메일 주소가 기재된 기부 요청 메일을 받아보았는가? 작은 선물과 함께 메일을 보내

면 그 효과가 거의 두 배로 증가한다. 이메일 수신자들이 친절에 보답해야 한다는 생각을 갖기 때문이다. 사려 깊은 태도에는 보상이 따른다. 친절의 표시를 하라.

결정권을 넘기는 것, 또는 권한 위임의 효과를 과소평가해선 안 된다. 권한을 적절히 위임할 때 조직의 성과가 향상된다. 스스로 판단하고 결정할 수 있는 권한을 직원들에게 넘겨서 직원들이 직접 업무에 참여한다는 생각 갖도록 해주어야 한다. 이를 실천하면 직원들의 행동을 이끌어내는 자신의 역량도 높아질 것이다.

긍정 에너지 수치를 조절하라
반감을 줄이고 호감 이끌어내기

활기가 넘치고 긍정 에너지를 내뿜는 사람들 옆에 있으면 절로 흥이 나지 않는가? 이들이 발산하는 긍정 에너지에 전염이 되고 의욕이 생겨서 이들의 요구에 더 빨리 응하게 된다.

우리는 긍정 에너지 수치를 올릴 수 있다. 말 한마디로 전 세계 주가를 오르내리게 하는 TV 쇼 〈매드 머니(Mad Money)〉의 진행자 짐 크레이머(Jim Cramer)처럼 하라는 말이 아니다. 짐 크레이머는 방송 도중 물건을 깨부수고 속사포처럼 말을 쏟아내며 자신의 캐치프레이즈 '부야(Booya, 기쁨과 흥분을 표현하는 감탄사—옮긴이)'를 외쳐댄다. 이런 행동은 짐 크레이머에게 어울리지 회사에서 이렇게 행동했다가는 당장 짐을 싸야 할 수도 있다. 긍정 에너지를 조절하라는 말은 자신의 목적과 열정의 수치를 적절히 조합하라는 의미다. 때로는 격렬하게 열정을 발산하고, 때로는 차분함을 유지해야 한다. 상황에 맞춰서 긍정 에너지 수치를 조절해야 하는데, 안정된 수치를 유지할 때 사람들의 마음을 사로잡을 수 있다.

사람들은 당신을 하나하나 뜯어본다

알다시피 누군가와 대화할 때에는 입으로만 메시지를 전달하는 게 아니다. 상대방은 우리가 보내는 모든 신호를 파악한다. 우리의 감정 수준, 얼굴 표정, 말투, 어조, 목소리 크기, 시선, 몸짓 등 우리의 모든 것을 하나하나 뜯어본다. 문제는 우리의 긍정 에너지 수준이 사람들에게 어떤 인상을 주는가 하는 것이다. 우리는 사람들의 눈에 어떻게 비칠까? 활력이 넘치는 사람일까? 고집 센 사람일까? 사심 없는 사람일까? 게으른 사람일까? 화를 잘 내는 사람일까? 결단력 있는 사람일까? 냉정한 사람일까?

우리가 대화하는 상대에게 전달하는 모든 신호는 상호작용을 일으킨다. 상대방은 우리에게 받은 만큼 되돌려준다. 또한 긍정 에너지는 전염된다. 활력이 넘치는 사람은 주위 사람들까지 활기차게 만들어준다. 그래서 당신이 자신감 있고 확신에 찬 모습을 보이면, 당연히 사람들은 당신에게 더욱 긍정적으로 반응하게 마련이다. 반대로 우유부단한 태도를 보인다면, 사람들은 부정적인 반응을 보인다.

긍정 에너지는 호감도를 높여준다. 이 호감도가 바로 사람을 설득시키는 핵심 요인이다. 말하자면, 호감도는 사람들이 당신뿐 아니라 당신이 가진 생각까지도 긍정적으로 바라보게 하는 힘이 된다. 따라서 당신은 늘 긍정적이고 낙관적인 관점을 만들고자 노력해야 한다.

긍정 에너지는 호감도를 상승시킨다

어마어마한 부채를 안고 쓰러져 가던 제록스를 살려낸 앤 멀케이(Ann Mulcahy) 회장의 리더십을 떠올려보자. 멀케이는 2001년 CEO 자리에 오른 뒤 회사의 수익성을 회복하고 170억 달러라는 부채의 늪에서 회사를 끄집어냈다. 직원들은 멀케이 회장의 긍정 리더십에 반응했고 쇄신하기 시작했다. 그에 따라 제록스의 주가는 세 배로 뛰었다. 그녀는 어떻게 한 것일까? 리더의 현명함이 아랫사람들의 충성심을 이끌어낸 것이다. 그녀는 긍정 에너지를 퍼뜨렸다. 그녀는 파산 위험에 동요하지 않고 오히려

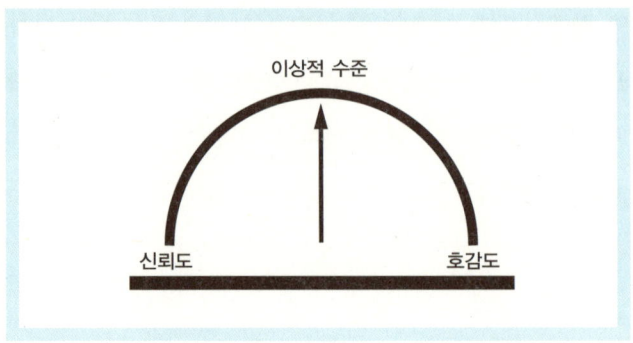
▌ 이성적인 신뢰와 호감의 균형

직원들을 독려했으며, 직원들을 향한 대화의 창구를 열어놓고 밤새 직원들과 영업 전략을 논의했다. 그녀는 긍정 에너지를 가장 이상적인 수준에서 발산하며, 진심으로 편안하게 직원들과 함께 했다. 신뢰도와 호감도의 균형을 유지한 것이 그녀의 리더십 비결이었다.

위 그림에서 당신은 어느 지점에 있는가? 왼쪽 또는 오른쪽으로 너무 치우쳐 있는 건 아닌가? 위 그림의 중심에 위치하여 신뢰도와 호감도의 균형을 유지한다면, 상황에 맞게 적절한 수준의 긍정 에너지를 발산하게 될 것이다. 그리고 사람들의 마음을 사로잡을 것이다. 사람들은 당신에게 협력하기 위해 한층 더 노력할 것이다.

멀케이의 리더십을 보면, 열린 마음으로 긍정 에너지를 전염시키는 리더가 얼마나 놀라운 일을 해내는지 알 수 있다. 당신 또한 멀케이처럼 할 수 있다. 긍정 에너지를 적절히 발산하면서 소통을 확대해나가라. 대화한다고 해서 다가 아니다. 아무리 좋은 말을 해도 말투가 형편없으면 호감을 얻지 못한다. 말과 목소리에는 진심이 묻어나야 한다.

수년 동안 방송국 생활을 하면서 말과 목소리, 태도가 조화를 이룰 때 얼마나 큰 힘을 발휘하는지 실감했다. 활력 넘치게 삶을 즐기는 요리사들, 직원을 소중히 대하는 CEO들, 여러 분야에 박식한 작가들. 방송국에서 만난 최고의 초대 손님들은 하나 같이 말과 목소리와 태도가 조화를 이루어서 강력한 공감대를 불러일으켰다. 하지만 중얼거리듯 "만나 뵙게 되어 반갑습니다"라고 어물쩡 첫마디를 던지는 사람들은 공통적으로 사람들의 관심을 끌어내지 못했다. 어떤 상황인지 이해할 것이다.

방송 생활을 하면서 커뮤니케이션의 대가들이 카메라 앞에서든 어디서든 한결 같은 태도를 취한다는 사실을 알았다. 그들은 활동하는 장소가 바뀌더라도 그들 나름의 대화방식을 바꾸지 않았다. 커뮤니케이션의 효과를 높이기 위해 긍정 에너지 수치를 높였을 뿐이다. 빌 클린턴(Bill Clinton) 전 대통령, 권위 있는 성 전문가 닥터 루스(Dr. Ruth), 다이어트 전문가 리처드 시몬스(Richard Simmons) 등이 바로 그런 인물들이다.

당신도 '착한 연기'를 잘 하는가?

방송국에서 생활할 당시 소위 '착한 연기'를 잘 하는 사람들을 많이 만났다. 그들의 이름을 언급하지 않겠지만, 그들은 말 그대로 두 얼굴을 가진 사람들이었다. 그들은 평소 사람들을 쌀쌀맞게 대하다가 카메라의 빨간색 녹화 점등이 켜지고 방송이 시작되는 순간 활기차고 친절한 태도를 보이면서 '착한 연기'를 시작했다. 어쩌다가 이들의 실제 모습이 카메라에 잡히고 이들의 가식이 들통 나는 순간을 보며 몰래 동료들과 낄낄대곤 했다. 당신의 주변에도 이런 사람들이 있을지 모른다. 이들은 자신들보다 지위가 높은 사람들에게는 굽신거리고 아부를 떨지만, 동료들과 부하직원들 앞에서는 비열하고 거만한 태도를 취할 것이다. 그렇지 않은가? 경영진이 이들의 꼼수를 알아채는 순간 속이 뻥 뚫리는 것 같지 않은가?

착한 연기가 오래 가지 못하는 이유는 거짓으로 활기찬 모습을 보이기 어렵기 때문이다. 즉, 긍정 에너지의 수준을 조절하지 못하기 때문이다. 스스로 참된 에너지를 느껴야 활기찬 태도를 유지하고 사람들의 반응을 이끌어 낼 수 있다. 긍정 에너지를 끌어내기 위해 어떻게 해야 할까? 자신의 열정을 다시 확인해라. 무엇이 자신의 동기를 자극하는지 찾아라. 그것이 바로 긍정 에너지의 원천이다. 당신이 사람들을 설득해서 얻을 건 무엇인가? 그것에 관심을 가지는 이유는 무엇인가? 그것은 어떻게 사람들의 삶을 변화시킬까? 문제는 어떻게 자신의 목적의식을 찾아 그것을 적절한 수준의 열정과 조합하는가 하는 것이다.

사람들이 스스로 움직이게 하라

프레젠테이션을 할 때 특히 긍정 에너지의 수준을 잘 조절해야 한다. 프레젠테이션을 할 때는 대개 긴장되고 불안해진다. 긍정 에너지의 범위를 1점부터 10점까지로 둘 때, 긴장한 발표자들은 대개 긍정 에너지를 2점 정도밖에 발산하지 못한다. 프레젠테이션에 흥미를 느끼지 못하고 의욕을 잃었기 때문이다. 그러나 프레젠테이션이 변화를 가져오는 기회임을 잊지 말자. 사람들이 스스로 움직이도록 동기를 자극해야 하고, 그러기 위해서는 긍정 에너지를 발산해야 한다. 이때 목적과 열정을 가지고 가장 이상적인 수준의 긍정 에너지를 발산해라. 꼭 공식 프레젠테이션이 아니더라도 전화로 통화를 하면서, 화상 회의나 직원 회의에서 또는 인터넷 방송 등의 여러 미디어를 활용할 때도 긍정 에너지를 표출하라. 긍정 에너지는 목소리, 표정, 몸짓의 세 가지 구성요소로 나뉘어 발산된다.

실천지침 1 _ 목소리 조절하기

사람들 앞에서 말을 할 때 자신의 목소리를 사람들이 어떻게 인식하는가에 따라 결과가 달라진다. 내 경험을 밝히자면 지금까지 광고와 기업 교육 동영상 녹화에만 수백 번 이상 참여했다. 무용담을 들려주고자 이 얘기를 꺼낸 것이 아니다. 수년 간 이런 경험을 했는데도 나는 여전히 일상에서 목소리의 에너지를 조절하기 위해 애쓴다. 늘 자신의 목소리를 조절하려고 애써야 한다는 점을 잊지 말라고 당부하고 싶다.

방송 녹화가 있는 날이면, 스튜디오로 향하기 전에 대본을 읽고 녹음해서 다시 들어보는데, 이런 식으로 나의 긍정 에너지 수준을 시험해본다. 그런데 가끔 믿을 수 없을 만큼 따분한 목소리에 깜짝 놀라기도 한다. 그럴 때마다 내 열정을 더 정확하게 표출하기 위해 스스로 긍정 에너지 수치를 높이고자 애를 쓴다. 이런 식으로 자신의 긍정 에너지를 확인하고 조절해야 한다.

우리의 목소리를 왜곡해서 듣는다

왜 자신의 목소리가 따분하게 들리는 것을 모르는 걸까? 우리는 우리 목소리를 왜곡해서 듣기 때문이다. 우리의 머리는 반향실(연출을 위해 에코 효과를 만들어내는 방-옮긴이)처럼 움직이고, 우리의 뼈는 우리의 말소리를 울린다. 그리고 우리의 목소리는 산소와 합쳐져 사람들에게 전달될 때 머릿속에서는 실제로 더 크고 활기차고 친근하게 목소리가 들린다. 당신이 녹음한 음성 메시지나 녹음된 당신의 목소리를 들어본 적이 있는가? 어떻게 들리는가? 충격적이지 않은가? 이런 경우 우리는 대개 '녹음이 잘못되었고, 내 목소리 같지 않다'고 생각한다. 그것은 완전히 틀린 생각이다. 기계는 거짓말을 하지 않는다. 기계는 우리의 머릿속으로 듣는 것보다 목소리를 훨씬 더 정확하게 녹음한다. 이런 현상은 사람들에게 활력 넘치는 모습을 보여주기 위해 우리의 긍정 에너지 수준을 한 단계 더 높이 올려야 한다는 사실을 시사한다.

　내면의 열정을 끄집어내려고 애쓰라는 말이 아니다. 그보다는 자신의 목소리를 엘리베이터라고 생각해라. 평소 당신의 목소리 수준은 1층에 있다. 그러다가 사람들을 설득해야 하는 경우 당신은 엘리베이터를 타고 2층 이상까지 올라가야 한다. 프레젠테이션 과정이나 사람들에게 이야기하는 모습을 몇 분간 녹음했다가 들어보자. 그 다음 스스로에게 물어보자. "이 목소리를 들으니 이 말대로 실천하고 싶은가? 아니면 지루해서 죽을 지경인가?" 후자라면, 자신의 긍정 에너지를 조절해야 한다. 다시 한 번 해보자. 이번에는 긍정 에너지 수준을 더 높여서 웃음을 짓고 몸짓을 하고 목소리를 다양하게 변화시켜보자. 그렇게 연습한 후 녹음한 내용을 들어보면 자신의 목소리에서 호소력이 훨씬 더 많이 느껴질 것이다.

온화하고 친근하게 진심을 전하는 법

❶ **목소리를 다양하게 변화시켜라** | 단조로운 목소리는 듣는 사람의 귀를 막게 한다. 일관된 목소리 톤으로 말하면서 청중이 무기력해지거나 졸음이 쏟아지게 만들지 마라. 깊이 있게, 그러다가 중간 톤으로, 때로는 톤을 높이면서 목소리를 다양하게 변화시켜라.

❷ **목소리의 빠르기를 변화시켜라** | 말하는 빠르기에서도 활력을 느낄 수 있다. 무언가를 강조하고자 할 때 말의 속도를 늦추고, 활기차게 말하고자 할 때 말의 속도를 높여라. 계

속 단조롭게 이야기해서는 흥미를 불러일으키지 못한다. 말도 리듬이 느껴져야 듣기가 좋다.

❸ **말을 끊어서 간결하게 하라** | 말을 장황하게 늘어놓다가는 사람들의 관심은커녕 졸음을 유발할 수 있다. 되도록 말을 끊어서 간결하게 하라. 이야기가 지루해지지 않고 사람들이 관심을 집중하는 모습에 깜짝 놀랄 것이다.

❹ **강세를 적절히 섞어서 사용하라** | 말 한마디 한마디에 강세를 두어서는 안 된다. 반복된 서술어도 금물이다. 강조해야 할 말에 적절히 강세를 두어라. 몸짓도 적절히 취해라. 청중을 따분하게 만들지 마라.

❺ **'파워 포즈' 하라** | 중요한 순간을 지난 직후 '파워 포즈(power pause)', 즉 전략적인 침묵을 하라. 그리고 너무 급하게 침묵을 깨려고 하지 마라. 사람들은 순간의 침묵에 관심이 유발되게 마련이다. 이렇게 '파워 포즈' 하면 사람들의 관심을 유발하고 호소력을 발휘할 수 있다. 당신이 일순간 침묵을 하면, 사람들은 당신이 막 중요한 말을 했거나 그런 얘기를 꺼내려고 한다고 느끼면서 당신에게 집중할 것이다.

❻ **목소리를 가늘게 하지 마라** | 뱃살을 감추려고 배를 집어넣고 말하면 발성이 약해진다. 목소리는 호흡에 따라 달라진다. 너무 얕은 호흡으로 소리를 내면 목소리가 가늘어

지고 약해진다. 대신 아랫배에서부터 깊게 호흡하라. 간단하지만 배에 힘만 주어도 낮은 음역대의 목소리를 낼 수 있다.

❼ **떠는 모습을 보이지 마라** | 낭랑하고 또랑또랑한 목소리로 공감대를 불러일으키고 싶지 않은가? 목구멍에서 숨을 쉬는 게 아니라 아랫배에서부터 깊게 호흡을 할 때 혜택을 하나 더 얻을 수 있다. 복부 깊이 숨을 쉬면 쉰 소리가 없어지고, 따라서 숨소리가 섞이거나 긴장해서 목소리가 떨리는 현상이 사라진다.

❽ **목소리의 세기를 조절하라** | 말을 하다보면 목소리의 세기를 낮춰야 할 때가 있다. 가령, 나쁜 소식이나 달갑지 않은 말을 전할 때 목에 핏대를 세우고 말을 해선 안 된다. 반면에 프레젠테이션처럼 사람들의 동기를 자극시켜 행동을 이끌어내야 하는 자리에서는 강한 어조로 말을 해야 한다. 목소리 음량보다 목소리 세기가 더 중요하다. 이렇듯 상황에 맞춰 목소리를 통한 긍정 에너지 수치를 조절하라.

실천지침 2 _ 얼굴 표정 관리하기

사람들은 당신의 얼굴을 힐끗 보고도 당신에 대해 이런 저런 판단을 한다. 다시 말해, 당신이 얼굴만 찌푸려도 그

의미를 해석하고 실시간으로 반응한다. 성공한 리더들을 보면 대부분 온화한 얼굴 표정을 짓고 있음을 알 수 있다. 대표적으로 나이키의 회장 필 나이트(Phil Knight), 버진 그룹의 리처드 브랜슨(Richard Branson)은 다가가기 쉬운 리더들이다. 이 사실은 두 사람의 얼굴에 모두 나타난다. 두 사람은 억지로 웃거나 가식적으로 미소 짓지 않는다. 두 사람은 마음에서 우러나온 미소를 짓는다. 워렌 버핏(Warren Buffet)과 빌 게이츠(Bill Gates)도 예외가 아니다. 두 사람은 친절하고 편견이 없으며 자신감 넘치는 이미지를 풍기는데, 그 덕분에 각자의 분야에서 큰 성공을 거두었다.

CNBC 〈수즈 오만 쇼(The Suze Orman Show)〉의 진행자이자 재정 전문가로 유명한 수즈 오만(Suze Orman)은 TV를 통해 긍정 에너지를 퍼뜨렸다. 그녀는 자신의 열정을 발산하면서 시청자들을 자신의 편으로 만들었다. 시청자들을 매료시킬 수 있는 수준으로 긍정 에너지의 레벨을 맞춘 것이 비결이다.

당신의 얼굴 표정은 죽어 있는가, 살아 있는가? 빌 클린턴(Bill Clinton)과 밥 돌(Bob Dole)을 생각해보라. 언젠가 CNN에 동시에 노출된 두 남자의 모습은 사뭇 달랐다.

먼저 빌 클린턴의 얼굴의 경우 그는 계속해서 눈에 힘을 주면서 진지하고 관심을 집중하는 인상을 풍겼다. 반면에 밥 돌은 클린턴과 정반대의 모습을 보였다. 그는 기운이 없어 보였는데, 그의 의도와 달리 얼굴 표정은 뭔가 나쁜 냄새를 맡은 사람처럼 비쳐졌다. 나를 비롯한 많은 시청자들이 같은 느낌을 받았을 것이다.

우리는 종종 본의 아니게 잘못된 이미지를 표출하기도 한다. 예컨대 안면 대칭이 안 맞아서 의도하지 않은 인상을 풍기기도 한다. 딕 체니(Dick Cheney, 미국 46대 부통령)의 한쪽으로 처진 웃음을 생각해보라. 웃고 있음에도 왠지 불만족스럽고 따분해하는 모습처럼 보인다.

밝은 표정 짓는 법

❶ 볼 근육을 위로 올려라 | 얼굴에 80개가 넘는 근육이 층층이 퍼져 있다는 사실을 아는가? 이처럼 여러 가지 얼굴 근육이 작용하여 얼굴 표정을 만들어내고, 몇 개 근육의 움직임 때문에 의도하지 않은 인상을 보이기도 한다. 방송에 출연한 사람들은 밝은 인상을 풍기기 위해 볼 근육을 위로 당겨 올린다. 내가 볼 때 클린턴은 볼 근육을 위로 올렸지만, 돌은 그렇지 않다. 물론 밝은 표정을 짓는다고 해서 억지로 이를 드러내며 활짝 웃을 필요는 없다. 볼

근육을 위로 올리기만 해도 밝은 인상을 풍길 수 있다. 이렇게 하면 좋은 현상이 일어나는데, 눈이 또렷해 보인다. 이처럼 간단한 노력만으로도 사람들에게 좋은 인상을 전할 수 있다.

❷ **눈으로 말하라** | 우리는 사람들과 눈을 맞춰야 할 때가 있다. 사람들과 눈을 맞추는 이유는 무엇일까? 눈 맞춤은 한마디로 무언의 피드백이다. 눈을 맞춤으로서 배려하고 관심 있음을 알리는 것이다. 당연히 상대방과 친밀감이 형성된다. 게다가 눈 맞춤은 존중의 표시이기도 하다. 또한 눈 맞춤은 종종 대화에서 상대방에게 발언의 기회를 주는 신호가 되기도 한다.

❸ **대화 상대방의 눈을 번갈아가며 바라보라** | 눈 맞춤은 계속 유지해야 하지만, 일관되게 해서는 안 된다. 누군가가 자신을 계속 위에서 아래로 내려다보면 불편하고 기분이 나빠지게 마련이다. 그렇다면 눈 맞춤은 어떻게 유지해야 할까? 방송 출연자들이 쓰는 비법을 하나 소개한다. 대화 상대방의 한쪽 눈만 바라보다가 잠시 후 그의 다른 쪽 눈을 바라보는 것이다. 이렇게 하면 자연스럽다. 상대방을 불편하게 만들지 않으면서 대화하는 사람과 눈을 맞추게 된다. 즉, 대화 상대방을 빤히 쳐다보며 위협적인 태도를 취하지 않고 눈 맞춤을 유지할 수 있다.

❹ **고개를 기울이지 마라** | 고개를 기울이지 마라. 고개를 숙이는 행위는 복종의 표시다. 또한 수줍어하고 점잔 빼는 것처럼 보일 수 있다. 서비스 업종에서 일하지 않는 한 회사에서 이런 태도를 취해서는 사람들을 설득하지 못한다. 머리를 똑바로 세우는 자세를 유지하라.

❺ **거들먹거리지 마라** | 사람들 앞에서 말할 때 자기도 모르게 턱을 높이 치켜드는 경우가 많다. 이렇게 하면 거만한 인상을 풍길 수 있다. 또한 습관적으로 턱을 치켜들다보면 목이 심하게 긴장되어서 어깨까지 들어 올리게 된다. 흔히 불안하고 초조할 때 턱을 높이 쳐들고 어깨를 들어올리기도 한다.

❻ **진실된 미소를 지어라** | 말할 때 미소를 지어야 한다는 말을 자주 들었을 것이다. 유념해야 할 사실이 있다. 진실된 미소를 지어야 한다. 괜히 미소를 지었다가 긁어 부스럼을 만드는 일이 많기 때문이다. 시도 때도 없이 웃거나 비웃음을 흘려서는 안 된다. 진실된 미소를 지으면 강력한 효과를 얻는다. 호감을 얻는 것이다. 웃는 얼굴에 침 못 뱉는 법이다.

실천지침 3 _ 몸짓 조절하기

몸짓이 중요하다는 얘기를 들어봤겠지만, 우리는 몸짓으

로도 대화를 한다. 사람들은 나의 몸짓을 보고 내가 전달하는 메시지를 해석한다. 사람들은 몇 초 만에 나를 믿어도 되는지 내가 마음에 드는지 등 나의 몸짓 하나만을 보고서 자의적인 판단을 내린다. 대화 상대방의 몸짓에서 호소력과 긍정 에너지가 발산될 때 우리는 그의 말에 더욱 귀를 기울인다. 기업 조직에서도 마찬가지다. 몸짓에서 호소력을 발산하는 리더는 아랫사람들을 잘 설득한다. 당신은 조직에서 직원들의 행동을 잘 이끌어내는 편인가?

주의를 산만하게 하는, 부자연스러운 몸짓을 취하지 않는 것이 핵심이다. 자연스러운 몸짓과 일부로 꾸민 것 같은 몸짓은 다르다. 부자연스러운 몸짓을 취하는 사람들은 대개 그 사실을 인식하지 못한다. 예컨대 옷소매를 주물럭거리거나 머리를 만지작거리거나 다리를 떠는 등 불안한 행동을 반복하는 경우가 그렇다. 리더십과 프레젠테이션 교육을 진행할 때, 교육 참가자들에게 실습 모습을 동영상으로 보여주곤 하는데, 먼저 동영상의 소리를 끄고서 자신의 몸짓에 초점을 둔 채로 자신의 말하는 태도를 살펴보라고 말한다. 앞에서 강조했듯이, 백 번 듣는 것보다 한 번 보는 것이 낫기 때문이다.

지금부터는 자신의 부자연스러운 태도를 확인하고 신속히 개선하는 방법을 소개한다.

설득력 있는 몸짓 취하는 법

❶ **자연스러운 몸짓을 하라** | 대화하는 도중 취하는 몸짓에는 표현하고자 하는 감정이 자연스럽게 묻어나야 한다. 몸짓을 취해서 자신의 메시지를 강조할 수 있지만, 진심이 아니거나 억지로 하는 것처럼 보이면 말 그대로 긁어 부스럼을 만들 수 있다. 자신의 의욕과 몸짓이 적절히 어우러져야 메시지가 호소력을 발휘한다.

❷ **긍정의 몸짓을 억제하지 마라** | 말할 때 손짓을 너무 많이 한다고 스스로 착각하는 사람들이 많다. 사실 그런 경우는 별로 없다. 하지만 자신의 손짓 때문에 정말로 사람들이 자신의 이야기에 집중하지 못함을 느낀다면, 손짓을 과하게 하고 있는지 확인할 필요는 있다. 손짓이 마음에서 우러나오는 경우 대개 자신의 말과 잘 어우러지고, 이어서 자신의 긍정 에너지와 목소리가 조화를 이루게 된다.

❸ **하체를 움직이지 마라** | 말을 할 때 왔다갔다 하거나 다리나 발을 떠는 행동은 사람들의 주의를 산만하게 하는 요인이 된다. 되도록 하체를 움직이지 말아야 한다.

❹ **올바르게 서라** | 어깨 폭만큼 다리를 벌리고 서서 무릎의

힘을 약간 뺀다. 이런 모습이 편안하면서 보기 좋은 가장 올바르게 선 자세다. 이런 자세를 취하면 몸의 긴장을 충분히 이완시킬 수 있다.

❺ **골반에 체중을 실어라** | 위에서 말한 대로 올바른 자세로 서서 체중을 한쪽 골반에서 다른 쪽 골반으로 이동시켜 자세를 살짝 바꿔본다. 이렇게 편안하게 움직이면 초조하게 왔다갔다 할 일이 없다.

❻ **긴장을 즐겨라** | 사람들 앞에 섰을 때는 누구나 마음이 떨리게 마련이다. 오히려 긴장하지 않는 것이 이상한 일이다. 그런 긴장감을 즐기면서 이야기를 잘 전달해야 원하는 결과를 얻을 수 있다. 긴장하면 심장이 뛰고 맥박이 빨라진다. 그런 에너지를 두려워하지 말고 잘 이용해라. 숨을 깊게 들여 마셔보자. 명상 시간에만 호흡 조절을 하라는 법은 없다. 호흡을 잘 조절하면 정신을 집중시키는 데 도움이 된다. 단, 호흡을 얕게 하지 마라. 호흡을 얕게 하면 우리 몸이 산소를 충분히 흡수하지 못해서 긴장이 더욱 심해진다.

❼ **부자연스러운 몸짓을 교정하라** | 자신이 습관적으로 부자연스러운 몸짓을 하지 않는지 가까운 동료나 지인에게 의견을 물어보고, 그 의견에 따라 나도 모르게 드러내는 부자연스러운 몸짓을 교정하자.

❽ 악수를 하라 | 악수는 자신감과 솔직함, 친밀함의 표현이다. 사람들과 악수를 하되 사람들의 손을 너무 꽉 잡지도, 느슨하지도 않게 쥐어라. 올바른 악수를 하면 첫 인상이 좋아진다.

마지막으로, 긴장감을 이겨내고 활기찬 태도를 유지하려면 어떻게 해야 할까? 자신을 불안하게 만드는 요인을 찾아서 개선하고, 불필요한 표현을 하지 않고 자연스러운 몸짓을 유지하는 방법을 찾아 실천하라. 리더십도 여기서 시작된다. 직원들은 대개 관리자의 태도를 본받는다. 따라서 리더라면 언제나 자연스러운 태도를 유지해야 한다.

이제 내가 해줄 수 있는 모든 조언은 끝났다.
당신의 삶을 결정짓는 건 오로지 당신의 실천 여부에 달려 있다.

Part 3에서 소개한 10가지 불통의 자세와 실천지침

자신의 커뮤니케이션 스타일을 되돌아보고 아래의 지침들을 실천해 나가라.

❶ 사람들이 내 의견을 받아들이지 않는다. 또는 사람들이 내 의견이나 요구에 관해 빨리 의사결정을 내리지 않는다.
   | 실천지침 | 핵심 메시지를 전달하여 사람들을 설득하라

❷ 마음을 잘 바꾼다. 또는 결단력 없는 태도를 보여서 사람들을 당황하게 만든다.
   | 실천지침 | 말끝에 꼬리를 붙이거나 말끝을 흐리지 마라

❸ 가끔 자신이 없어서 내 생각을 밝히지 못하고 망설인다.
   | 실천지침 | 회의시간에 의견을 밝혀라

❹ 간혹 사람들이 내 진정성을 의심한다. 또는 나는 회사에서 높은 사람들에게 아부를 떠는 예스맨으로 취급당한다.
   | 실천지침 | 진지한 태도로 의견을 개진하라

❺ 사전에 내 생각에 대해 이해당사자들의 의견을 구한다.
| 실천지침 | 동료들의 힘을 이용하라

❻ 사람들이 내 의견을 따라야 하는 이유를 잘 설명하지 않는다.
| 실천지침 | 판단의 근거를 제시하라

❼ 의견을 묻지 않고 혼자서 의사결정을 내린다.
| 실천지침 | 결정권이 자연스럽게 넘어가게 하라

❽ 내 마음은 그게 아닌데도, 내 목소리를 들으면 마치 내가 무관심하거나 화가 난 것처럼 느껴진다는 말을 듣는다.
| 실천지침 | 목소리를 조절하라

❾ 내 표정을 본 사람들이 내가 화가 난 줄 알고 무슨 일이 있냐고 묻는 경우가 많다.
| 실천지침 | 얼굴 표정을 조절하라

❿ 나쁜 버릇이나 습관 때문에 사람들이 집중을 못할 때가 있다.
| 실천지침 | 몸짓을 조절하라

체 | 크 | 리 | 스 | 트 ❸

소통의 달인이 되기 위한 세 번째 미션!
사람들을 설득하기

당신의 메시지를 즉각 실천하게 설득하라

설득은 사람들의 행동과 의사결정에 영향을 미쳐서 성공적인 결과를 이끌어내는 행위다. 소통의 달인이 되기 위한 세 번째 전략을 익혀 실천한다면 사람들의 동기를 자극하여 신속한 행동과 헌신을 이끌어낼 것이다. 언제나 그렇지만 이때 역시 명쾌한 한마디가 곁들여지면 더욱 좋다. 당신의 말이 설득력을 발휘해야 당신의 아이디어나 상품, 서비스, 심지어 당신의 진가를 인정받는다. 사람들은 협력을 이끌어내고 일을 일사천리로 처리하는 당신의 모습에 감탄할 것이다.

● 의사소통 습관 1 ●
"결단력을 보여라!"

리더십은 결단력에서 나온다. 확신 있게 의사결정을 내리는 능력 또한 리더로서의 힘과 영향력을 보여주는 것이다. 자신감은 전염된다. 당신이 자신감 넘치는 태도를 보이면 직원들도 자신감을 가지고 조직에 헌신할 것이다.

■ 실행해야 할 일

| 실천지침 1 | 말끝에 꼬리를 붙이거나 말끝을 흐리지 마라.
| 실천지침 2 | 회의 시간에 의견을 밝혀라.
| 실천지침 3 | 진지한 태도로 의견을 개진하라.
| 기타 | _____

■ 고쳐야 할 습관들

_____
_____
_____

● 의사소통 습관 2 ●
"결정권을 넘겨라!"

직원들이 스스로 의사결정을 내리고 실천하도록 의사결정의 권한을 직원들에게 넘겨라.
리더는 권한과 책임을 적절히 위임할 줄 알아야 한다. 대개 직원들이 결정권을 가지고 책임을 다 할 때 좋은 성과가 나타난다.

■ 실행해야 할 일

| 실천지침 1 | 동료들의 힘을 활용하라.
| 실천지침 2 | 판단의 근거를 제시하라.
| 실천지침 3 | 결정권을 자연스럽게 넘겨줘라.
| 기타 | _____

■ 고쳐야 할 습관들

_____
_____
_____

● 의사소통 습관 3 ●
"긍정 에너지 수치를 조절하라!"

사람들 앞에서 얼마나 활기찬 모습을 보이는가? 밝고 즐거운 에너지를 발산할 때 호감도가 높아진다. 이렇게 호감을 사야 사람들을 설득할 수 있다. 반면에 긍정 에너지를 발산하지 못하는 경우 자신의 의도와 달리 무관심하거나 화가 난 것처럼 보일 수 있다. 또는 말하는 태도가 좋지 않다고 지적을 당할 수도 있다. 친근함을 발산하라. 그것이 바로 설득의 열쇠다.

■ 실행해야 할 일

| 실천지침 1 | 목소리에서 친근함이 묻어나게 하라.
| 실천지침 2 | 얼굴 표정에서 활력이 발산되게 하라.
| 실천지침 3 | 설득력 있는 몸짓을 취하라.
| 기타 | _____

■ 고쳐야 할 습관들

_____
_____
_____

- 나의 의사소통 방식 중 상대방을 지치게 만드는 것이 있다면 무엇일까?
  _____
  _____

- 내가 ~할 때 사람들은 내 말을 즉시 따르고 실천한다.
  _____
  _____
  _____

- 내가 ~할 때 사람들은 내 말을 듣지 않거나 실천하지 않는다.
  _____
  _____
  _____

- 무엇이 문제라고 생각하는가?
  _____
  _____
  _____

긴 여정이 끝났다. 이제 남은 것은 실천이다! 사람들과 연결되어 핵심을 전달하고, 그들을 설득해보라. 겸손함과 진지함을 갖춘 채 마음을 열고 다가서 보라. 등을 돌렸던 지인들, 거래처, 그 밖의 모든 대인관계에서 생각지도 못한 새로운 가능성과 기쁨이 만들어질 것이다.

| 에필로그 |
불통을 극복하여 소통을 이뤄내라

　사람들은 흥미를 잃으면 관심을 거두어들인다. 매우 자연스러운 일이며 오늘날의 소통현실이기도 하다. 먼저 상대방의 마음과 눈을 묶어두어야 한다. 이때 시선을 사로잡는 명쾌한 한마디, 꽂히는 말이 큰 역할을 한다. 다음으로 횡설수설하지 않으면서 핵심 메시지를 신속하게 전달해야 한다. 이때 역시 꽂히는 말 한마디를 곁들이는 게 중요하다. 마지막으로 나의 의도대로 상대방을 설득하는 것이 관건이다. 이것만 자유자재로 행할 수 있다면 만사형통이다.
　세 가지 의사소통 전략이 성공의 비결임을 깨달았는가? 책을 끝까지 읽었다면, 간단하면서도 심오한 세 단계 전략을 순차적으로 실천하는 가운데 목표를 달성하고 자신의 평판을 높일 수 있다는 것 또한 알게 되었을 것이다.

만사형통 '3C 의사소통 전략'
- Connect : 사람들의 필요와 가치에 부합하여 사람들의 마음을 사로잡아라.
- Convey : 정보를 '정량조절' 하여 명쾌한 메시지를 전달하라.
- Convince : 사람들을 설득하여 행동과 실천을 이끌어 내라.

책을 통해 제시한 세 단계 의사소통 전략을 습관으로 삼아 실천하면 놀라운 변화가 일어난다. 당신이 누구를 대하든 놀라운 소통의 경험을 맛보게 될 것이다. 실로 간단한 이 전략이 효과를 발휘하는 이유는 무엇일까? 그 까닭은 사람들이 타인을 대하면서 답답하게 느꼈던 아래의 세 가지 문제를 해결할 수 있기 때문이다.

1. 집중을 분산시키는 환경에서 사람들의 관심을 사로잡아야 한다.
2. 정보의 과부하를 극복하여 내 주장과 의견을 분명히 전달해야 한다.

3. 만약 리더라면 부하들이 고민하지 않고 즉각 행동에 나서도록 만들어야 한다.

본문에서도 말했지만, '뒤죽박죽된 소통현실'에서는 설득력을 갖춘 소통 능력이 대세일 수 있다. 만약 여러분이 리더의 위치에 있다면 복잡한 상황이나 현실에 굴하지 않고 직원들에게 메시지를 명쾌하게 전달함으로써 행동을 이끌어낼 줄 알아야 한다. 하지만 안타깝게도 경영대학원에서조차 효과적인 커뮤니케이션 기법을 강의하는 강좌가 인기를 끌지 못하고 있다. 안타까운 일이다. 누군가와 긍정적으로 소통하는 기술이야말로 경쟁에서 이기고 최선의 성과를 달성하는 비법인데도 말이다. 세 단계 전략 중 한두 가지라도 익혔다면, 나름 다행한 일이다. 하지만 그것만으로는 충분하지 않다. 욕심 같지만 세 단계 전략을 모두 습득하여 삶에 적용해야만 불통의 시대를 극복할 수 있다. 진정한 소통의 길로 나아갈 수 있다. 필자가 소개한 내용들을 염두에 둔다면, 그리고 실천해나간다면 자신의 자리에서 최고가 되는 데 도움이 되고, 마침내 세상을 변화시키는 데에도 긍정적인 요소로 작용할 것이다.

'3C 의사소통 전략'은 누구나 활용할 수 있다. 여러분이 학생이든 직장인이든 또는 기업의 리더든 간에 이를 잘 활용하면 대인관계에 놀라운 변화가 생긴다. 갓 사회생활을 시작한 직장인이라면 좋은 성과를 달성할 수 있다. 탁월한 상품을 개발해야 하는 사람이라면 전문성을 강화시키는 데 도움이 된다. 아마도 시장점유율을 높이며 두터운 인맥까지 쌓게 될 것이다. 스스로에게 물어보자. 정신없이 돌아가는 일상에서 나는 사람들과 명쾌하게 의사소통을 하고 사람들이 즉각 움직이도록 동기를 자극하는가? 나의 조언과 제안을 귀담아 듣기 바란다. 3C 의사소통 전략을 익혀 일상에서의 커뮤니케이션을 원활하게 이끌어나가기 바란다. 여러분의 의도대로 주위 사람들의 행동을 긍정적으로 이끌어내고 불통을 극복한 소통을 경험해보기 바란다. 뿐만 아니라 주변에서 바라보는 여러분에 대한 평판 또한 지금보다 한결 더 높아짐을 직접 체험해보기 바란다.

지은이 소개
코니 디켄(Connie Dieken)

코니는 커뮤니케이션 분야의 최고 권위자로 '주의집중 시간'이 짧은 지금의 소통현실을 극복하기 위한 효과적인 커뮤니케이션 비법을 활발히 전수하고 있다. 온포인트 커뮤니케이션(onPoint Communication)의 설립자이자 회장이기도 한 코니는 비즈니스 리더들이 자신의 생각을 영향력 있게 전달하고 직원들의 헌신과 지지를 이끌어내어 목표를 달성하도록 돕고 있다. 인텔(Intel), 씰리(Sealy), GE, 애플(Apple), 올림푸스(Olympus), 맥도날드(McDonald's), 모엔(Moen), 클리블랜드 클리닉(Cleveland Clinic), 퍼시픽 라이프(Pacific Life), 프로그레시브 인슈어런스(Progressive Insurance), 아메리칸 그리팅스(American Greetings), 어니스트 앤 영(Ernst and Young), 굿이어(Goodyear) 등의 기업들이 현재 코니로부터 도움을 받고 있는데, 주로 프레젠테이션, 상품 런칭, 인수합병, 연례회의, 투자관계·기업설명활동(IR), 조직문화 변혁, 미디어 출현, 리더십 개발 등의 영역에서 성공적인 커뮤니케이션을 개발, 전달하는 법을 배우고 있다. 〈포춘(Fortune)〉 선정 500대 커뮤니케이션 코치이기도 한 코니는 TV앵커, 리포터, 토크쇼 진행 부분 에미상을 수상하고, 라디오/TV 방송인 명예의 전당에 오른 바 있다. 코니는 방송인으로 활동하면서 비즈니스 성과가 리더의 커뮤니케이션 능력에 달렸다는 것을 체감한 이후 온포인트 커뮤니케이션을 설립하여 리더십 교육에 박차를 가하고 있다. 그런 가운데 리더십 싱크탱크상과 여성기업경영자협회 10대 여성기업인상을 수상했으며, 미국 연사협회가 수여하는 최고의 영예인 공인전문연사 자격을 얻었다. 그녀의 혁신적인 '3C 의사소통 전략'은 〈LA타임스(LA Times)〉, 〈크레인즈 비즈니스(Crain's Business)〉, 〈시카고 트리뷴(The Chicago Tribune)〉 등 유수 언론에 소개되어 큰 반향을 불러일으켰다.